U0021962

在遺忘之前

島嶼的集體記憶課程實踐手記

島嶼的集體記憶教學計畫團隊——著

推薦序

「島記」以愛帶領臺灣向前行

監察委員 范巽綠

島嶼的集體記憶（以下簡稱「島記」），這個真實發生在臺灣各地各校的動人教育計畫，從我第一次接觸它，就深深被它的珍貴內涵與遠大使命所感動，這是一個不折不扣的臺灣教育原創計畫，關鍵在老師，是老師帶領學生串起島嶼上跨世代、跨族群的多元記憶和故事，一張張圖像集合起來，而終究有了「我們」。

二〇一六年，我在高雄市教育局局長任內，有一天淑芬副局長、俞雲和宜家兩位課督非常興奮地來到我的面前，她們發現了一群很認真的老師，自發性的投入課程的共備，甚至自己自掏腰包辦理研習，只為了推廣他們心目中最值得也最應該做的課程。我看著她們講得神采飛揚，當下我心裡滿滿的感動與驕傲，因為這是前所未有的跨階段、跨語言、跨領域甚至跨國性的課程，所帶來的影響力將會影響整個世代，當下我就說：我們一起來做吧！

在每個發展階段，我多次與慧齡導演對話，聽她美麗的夢想，被她無比的毅力感動，「島記」的團隊日益擴大強壯，十年來，已數不清有多少老師，多少學生參與了這個計畫，大家共同以「愛」走在一條縫合臺灣歷史的道路上。

慧齡在書中提到：「集體記憶不等於共同的記憶，不可能也不需要有統一內涵。」我非常的認同，因為「建構開放多元的集體記憶是人類社會的需求」，透過島嶼集體記憶的課程，帶領新世代學生跨越過去世代的困境與意識形態，我們才有可能擁有共同的未來。

二〇二一到二〇二二年，《給阿嬤的一封信》在國際各影展不斷獲獎，同時，入圍金馬獎「最佳紀錄片」，慧齡帶著四歲的雙胞胎兒女由法國回來，用一年時間，她入校入班分享「島記──給阿嬤的一封信」，並許下「島記」邁向一甲子的大願。

我們看到一群群熱血志同道合的老師走在一起；不分教育階段，不分領域，甚至來自不同的縣市，大家從自己的專長，用多元的創作方式，帶領學生從記錄自己的家族故事到社區記憶，在記憶拼圖當中找到自己的位置。

美術老師透過藝術創作，帶領學生為家族立像，為家傳物保留再生，為家傳菜留味道；國文老師透過口述傳記，為家族留下故事，書寫家族歷史，讓族譜有了生動的構面；音樂老師帶領學生傳唱著家族最溫柔的語調，睡前的搖籃曲，豐年祭的慶典之歌，傳唱在鄉間的民謠，都有了不同的記憶；歷史老師透過史料的探詢，讓以往以為是教科書的過去，在家族故事裡面鮮活了起來。住在海邊的學生們用大海的鹹味，汗漬浸透了毛巾，印記阿公奮力的身影；田裡的農作物，是曾經養活全村大小的命脈，家族的長輩揮汗奮鬥的故事被流傳；在山裡，原住民英勇捍衛自己土地的故事，像史詩般一樣被傳頌，讓子孫引以為傲；在更遠的河邊，抵抗外來民族的步履足跡，即使模糊，卻不被忘記；遙遠的離島，錯綜複雜的時空背景，被時局推著走的人們，卻在小小的島上生根，是故鄉也是鄉愁。

這些都是我們的故事，是臺灣極為重要的資產，但是老成凋零，時代更迭讓記憶更容易消逝，我們需要更多人理解這樣的一個計畫是多麼重要，也希望藉由這本書的出版，感動更多的老師和有志之士，一起來當一甲子的傻瓜，為臺灣這塊土地立像紀實，福爾摩沙，我們的家。

推薦序

守護普世價值的教育大夢

教育部部長 潘文忠

記得在二〇一七年，我受邀到華山藝文特區觀賞《給阿媽的一封信》這部電影，對於影片內容感覺很震撼，也很佩服一位年輕的導演花這麼長的時間，記錄這個世代年輕人追尋家族故事和記憶的歷程，更令人想像不到是因著這部影片而帶來改變教育現場的力量；隔年教育部就提供專款經費，支持這個由下而上迸發的力量所組成的團隊開發課程並且提供資源給有志投入的老師。

一〇八新課綱最核心的價值就是「自發、互動、共好」，我在這一群老師的身上，看見了最美的風景。他們從自己的領域教學出發，擴散到跨領域的合作；從自己的學校到跨校合作，更甚之跨縣市、跨階段、乃至到跨國合作，都是新課綱精神最佳體現。

「教育，要陪每個小孩安心長大」，安心不只是生活無虞，而是要能夠在家庭裡得到支持，在社會中得到力量；在島嶼的集體記憶這個課程中，學生透過引導回去訪談自己的祖父母及阿公阿媽，知道自己家族的故事，了解自己從何而來，讓彼此關係更緊密，在家庭裡面得到的支持；而每個家族的故事建構起來就是整個社會的脈絡，當孩子知道自己從何而來，就會知道該往哪裡去，心安了就能夠好好的學習。就像書中新北共備社群老師們所提到的：「如果全臺灣的老師可以帶孩子一起認識、深耕自己的社區，或許真的可以為臺灣留下一些什麼。」

這幾年教育部致力推動的祖父母節及本土語教學，都是希望臺灣的每個孩子都能重視家庭與自己文化，而島嶼的集體記憶這樣的課程，用潛移默化的方式，多元的表達，能夠讓更多的學生了解自己家庭的故事，進而使用自己的母語記錄，在自己的土地上，走向更遠的地方去。

我特別認同高雄女中劉癸蓉老師所說的：「從一幅肖像畫開始，由爺爺奶奶個人的人生，拓展至家族故事的傳承，保留下來的，是更多點滴的家族庶民史，由個人看到族群，由社會看到國族」這就是我們應該珍惜的普世價值，也是教育的力量。

感謝五年來走遍全臺各地推廣的團隊，以及全臺灣二十多個縣市、二百一十位一起投入這個教學計畫的老師們，一起做了很有價值的事；更期待隨著這本書的出版，感動更多的教育工作者，讓「真的不會考但很重要」的一課，持續擴散。

推薦序

用生命刻劃教育，串聯臺灣島嶼記憶

教育部國民及學前教育署署長 彭富源

二〇一二年臺灣一群熱血老師組成集體記憶共備社群，走入臺灣二十多個縣市；透過二百八十餘場的教育推廣研習，參與人次上萬人，號召二百一十位老師執行課程、一萬七千位學生受惠；行腳軌跡涵蓋臺灣（含離島）及海外之幼兒園、大學、社區活動中心等，細膩刻劃每位教育參與者的夢想藍圖及教育實踐，充分展現出「支持老師就是支持教育」的精神。

而教育部國教署自二〇一八年起，支持此教育社群至今五年了，非常肯定社群成員自發性走入不同的教育現場，記錄不同的教育記憶。我們看見從祖孫親身相處體驗的孝道教育、從周遭生活體驗及參與累積的藝術教育、從歷史實例探索、分析及同理而理解的人權議題。臺灣的「島嶼的集體記憶」從高雄女中課程揭開序幕，接續串聯高雄、宜蘭、屏東的國小課程，及澎湖、臺中的國中課程，最後擴及全台；藉由實地觀察師親生間的互動，用說故事的方式，引領閱讀者進入每個教育故事情節中，了解它的故事脈絡，期望故事內容觸動閱讀者的共鳴、反思及回饋。從中不難發現，每位參與者都是重要的角色；也正因如此，才能刻劃出多采多姿的教育風景。

感謝陳慧齡導演、島嶼的集體記憶團隊成員，以及參與本課程實踐手記的所有人員；書中不僅保留對臺灣這塊土地的記憶，也傳誦著不同的教育理念，顯現臺灣教育的多元特質。非常期待這一本教學紀實，能感動更多教育現場的老師，一起投入這個一甲子的教學計畫；亦期望所有對教育推動有興趣的人員，均能支持這個教育計畫，一同為臺灣教育種下福田。

推薦序

讓記憶從高雄出發

高雄市教育局局長
謝文斌

如果說新課綱的推行，社群是一個重要的指標，那麼從高雄出發的島嶼的集體記憶團隊，就是最在地的力量。

從一部電影開始，感動了幾位老師投入推動，隨著規模越來越擴大，老師的需求被本局國教輔導團發現且予以承接，兩名時任課程督學廖俞雲（現為本市鼓山高中校長）、林宜家（現為本市壽山國中校長）協助找資源，甚至轉身投入課程研發的核心團隊，成為推廣的講師，開始發揮影響力，到現在遍全國各地開花，走到哪裡，只要說出「島記」，大家就會知道「是高雄來的」，這是高雄的驕傲，也是全國的驕傲。

這五年來，島嶼團隊成立臉書社團，至今成員已超過六千位；自發辦理或受邀總計超過二百八十場教育推廣研習；至全國各地分享，至今各領域實施課程的教師超過二百一十位，受惠學生從幼兒園到各學校，總數超過一萬七千人。

二〇一七年島記團隊入選「親子天下教育創新一百」，也榮獲廣達文教基金會游藝獎創意教學評審推薦獎。岡山國中「行旅岡山：從家的記憶出發，尋找記憶裡的在地岡山」課程榮獲天下雜誌辦理之二〇一七微笑臺灣創意教案甄選貳獎，並受邀於「二〇一七學思達亞洲年會」、「臺灣家庭政策國際研討會」、「兩岸教育政策學術研討會」及「教育部國民及學前教育署國民中小學課程推動南區策略聯盟」發表等獲獎的光榮，更是給予團隊肯定與激勵。

除了辦理工作坊、課程分享外，最難能可貴的是這群老師的點子一直源源不絕，不斷地開展新的課程模組，策展、錄製廣播節目、辦音樂會、演舞台劇，甚至錄製主題曲，多元而創新，應該是教育史上很少見的課程推動模式。

最能夠讓經驗傳承的，應該是文字書寫，我很樂見這本書的出版，讓更多人能夠跟著書中的老師們建構自己的集體記憶：跟著莊毅冠老師與陳珍儀老師在大樹鐵橋下，吃旺來唱著在地的歌謠；和李思瑩老師一起帶著學生紀錄果貿社區的美好；進到劉癸蓉老師的課堂繞進鹽埕的巷弄感受時光的流轉；也跟著翁教官一起走入榮民之家，聽老兵爺爺的光榮史，然後給他們一個擁抱。

這些存在在我們周圍，看起來不起眼的、平凡的人事物都是我們珍貴的資產，也是教育裡的普世價值。

我非常驕傲地跟大家推薦這本書，也感謝教育局同仁跨科室的協助，讓這個計畫能夠持續在高雄扎根，擴散綠葉成蔭，開滿臺灣這座島嶼。

各界好評

發生過的事情，若是沒有紀錄，怎麼能記得？前人的故事，如果沒有聆聽，何以能傳承？臺灣經歷諸多不同文化的洗禮，擁有無比複雜的種族結構，位於一個四戰之地，慌亂與承平輪替，悲哀與歡欣並存，然而這個島上有許多故事正在散佚中。於是島記的老師們，帶著孩子以各種方式記錄下各種身邊的，小小的記憶，如涓涓細流，匯聚成一片包覆島嶼的水漾深情。願這些傳承而來的島記故事，如同密密的種子，在你我心中開枝散葉，蒼翠彼此的人生。

一〇七年全國高中職組SUPER教師獎、第二屆親子天下教育創新一百教師、
高雄市仁武高中音樂老師　石佩蓉

「我畫的是我阿媽長繭的手指，摸起來很乾很粗，因為她每天都在田裡工作，然後回家煮晚餐給我們吃，我很感謝我的阿媽……」六龜國小的學童，語帶哽咽、激動地陳述這張畫作的故事，一旁的大人已紅了眼眶，彷彿也憶起些什麼。而這短短幾分

鐘作品分享，背後是島記團隊花了一整個學期，數次往返市區與偏鄉，與該校老師設計教案，引導學生訪談家中長者並手繪長者容顏。十年有成，島記將轉型正義、城鄉資源差距、社區老齡化等嚴肅議題，透過師生共作、偏鄉講堂及藝術策展等行動，以柔軟的姿態呈現在大眾眼前，不分性別、族群、年齡，凝聚起你我對這片土地相同、卻也不同的島嶼記憶。

江舟商店總監　江舟航

有一部美國老影集曾經說過：「記憶是一種緊緊抓住你所愛的、你到底是誰、你永遠不想失去的東西的方式。」在臺灣，有一群老師長期致力於將記憶結合創作，教導孩子用藝術作品保存曾經歷過的愉悅時光，也留下那些令人心碎的瞬間，以及所有讓我們成為現在這個人的時刻。如今，屬於這群記憶傳承人的「島記」故事終於誕生了。裡面記錄了他們如何用記憶施展動人魔法，開創出課程的無限可能，更揭曉了他們到底是喝了什麼魔法藥水，可以為了「島記」如此奮不顧身。

高雄市陽明國中歷史教師、作家　吳宜蓉

永遠相信任何的改變，都是一棒接著一棒，持續辛勤累積努力而來。正當在大學端透過四門以人本社會為核心，以引動社會實踐為目的之課程，期盼為臺灣培養更多有心有力投入社會實踐人才，並也常感嘆，如果他們能早一點啟蒙該多好的情況下，欣喜得知在國教端，有一群有強大信念與熱情的老師們，從二〇一〇年就開始展開以「島嶼的集體記憶」為名的行動計畫，透過課程設計與實作實施，帶領著一批又一批的各級學生們，展開各式行動。我深信訪談、採集及內容轉譯，這些都只是手段而已，關鍵在於有機會動手，就能親炙土地的情感與人心的真實動魄。「認同」的建構，很難嗎？就從這樣開始吧！

謝謝你們，十年磨一劍持續投入這樣相當有意義且重要的行動。

林事務所執行長、國立政治大學社會學系兼任講師　林承毅

我們的孩子聽過許多故事，卻不曾踏著自己的血脈往前溯源，去聽見和自己親近親人身上曾經發生過的點滴。曾在臺下聽癸蓉老師分享島記的教學，那些故事、孩子眼睛的光芒和感動的淚水，發現自己生命中不曾揭開的歷史，翻開後的動容和重新定義自己的堅定，過程中的點滴，珍惜這些稍縱即逝的記憶，看見家族故事後定位自

己，連結的溫度、珍惜的心意、同理的溫暖，這些傻老師們，為新一代的島嶼孩子藉由過去探查，映射出未來的光芒。真心推薦！

國小教師、作家　林怡辰

多年前在一個因緣際會中，認識了「島嶼的集體記憶教學計畫」的成員，在這些充滿理想的熱心教師說明中，深深被這計畫內容感動，也曾試圖將它納入公共藝術領域中，但一直未能實現。

臺灣島嶼是我們的共同母體特質，而記憶如同流動的血脈，本就在近代歷史洪流中的孱弱體質，又在現代化社會結構驟變的衝擊下，首當其衝的就是家庭倫理關係的瓦解，失去連結、遺忘記憶，似乎成為一種現代人通病。而本書所闡述的計畫過程，就是一帖良藥，它是需要在時間的浸潤中，調理這塊島嶼的身心靈，文中有這麼一句話「這條路要走的不是一陣子，而是一甲子」。充滿著毅力與決心，簡潔有力！震撼人心！

達達創意公司藝術總監　林舜龍

陳慧齡導演出國後，驚見自己來自被世界遺忘的島嶼，不但對自己的家族無知，對家鄉無感，甚至對臺灣歷史有著近乎斷裂的距離。重返故鄉後，積極重建島嶼集體記憶，透過行動藝術，讓不同世代激出新的連結。

這些受訪的老人，在追問之下，一幕幕回憶如潮水般湧來，塵封的往事彷彿歷歷在目，當時間的捲軸慢慢被拉開，無聲歲月中的記憶並未斑駁，那些積沉的話，記刻下歲月的盈盈流轉，經歷的往事，襲來陣陣溫暖。

「孩子習慣向外、向前、向新的東西看，島記是向後、向內觀。」往內看到自己如何被家族被社會影響，看見孩子與長輩充滿活力的互動，不但追尋出被時光埋沒的記憶，也從中提取出創作元素，找回自己的根，進而對自身文化產生認同，讓我們能與過去重新緊密的連結。

島記，提醒著我們，長輩並未因年華逝去而失去生命的光澤。每個人都有故事，即便身分與經歷迥異。島記，也讓我們深深感受到人親土親的緊密感。

欣見島嶼的集體記憶課程要集結出版成書了。非常佩服這群教育苦行僧的熱情與毅力，東奔西跑，自掏腰包，躬行實踐，才能成就這意義非凡的島嶼集體記憶。

教育部閱讀推手、高雄市閱讀薪傳典範教師、《給力—我想教會孩子的事》作者　林晋如

「中和華新街，街頭到巷尾，緬甸風情，一次體驗。你說你思念著老家的滋味，阿薇魚湯麵，好風味。」「來杯奶茶、配上烤餅，我一解鄉愁，離鄉背井、落地生根，夫復何求，緬甸之子、臺灣移民，我驀然回首。想著、念著、看著，我借茶消愁。」

這段歌詞，是我的同事，中和國中音樂老師許寶真的創作，靈感來自「島記」課程，她所聽到的學生在地故事，尤其包括了新住民家庭的心路歷程。

如果沒有「島記」課程，教學的日常，不會如此深刻。

慧齡導演是我的大學同學，大學時的她就是充滿理想性格的人，燦笑與執著眼神，從來沒有變過。二〇一七年慧齡飛回臺灣繼續拍片之際，有機會為我的學生進行一場《給阿媽的一封信》紀錄片講座，自此，我帶著自己藝術才能班的導生，便以家族故事為主題，從「爺奶最難忘的時光」、「飄香家傳菜」、「家族精神代表字」到這一屆「老物件的深情故事」。

新北市以新住民為多，孩子與家族長輩的因緣牽縷往往淡薄。因著島記課程，學生才有機會與爺爺奶奶產生互動，開始對家族故事感到好奇。經由一段訪談時光，說著、聽著故事，三代之間有了輕輕牽引著的連結。為了創作，孩子們整理故事，不斷回去再找爺奶，試圖回到時空找尋細節，而這一切總縈繞著溫馨的絲絲暖流。

很開心，「島記」團隊出書了，將所有濃郁情感凝鍊成冊。多年來感動我的，必定也將觸動您心。

《點亮藝術力》作者、Super 教師　孫菊君

慧齡導演透過電影開啟了故事的旅程，沿途老師們透過策展、活動、跨領域課程設計遍地撒種，幾年前有幸跟在後頭一起走了幾步路，如今半路上，召喚出的集體記憶讓島嶼更顯風光明媚。從自己到家族再到土地，如果島記是座橋梁，我們以為自己只是橋上走過的人，最後才發現每個靈魂都是一片寬廣的海洋，當海水和海水碰撞，島記於焉幻化為那座最堅固的跨海大橋，乘載著洶湧波濤，我們終將知道自己是怎麼來的，也是同時在回答，未來自己將要往哪裡去。

作家、自由文字工作者　郭銘哲

當島記從高雄開始跨域共備，我參加了各種形式的分享活動，流下不少眼淚、承載不少感動！看著本書的初稿，依舊因著夥伴們真誠分享細節而熱淚盈眶。感動我的是回憶是記憶；是尋根是傳承；是生命寫下的歷史，是柔軟有愛的未來……學科知識對我們的孩子固然重要，但未來陪伴他們一生的，除透過老師們真心費心課程設計學習到的素養外，更珍貴的是習得用心去同理，了解從何而來為何而去，學會愛家愛土地，更懂得愛自己！這本書不只是分享記錄，更是延續島記精神的奠基石。

高雄市政府顧問、前高雄市政府教育局副局長　陳佩汝

讀這本書，你會被燙到！

你讀著讀著會忽然讀到每天默默在公園掃落葉的爺爺說：「這輩子從來沒有人訪問我，為我照相，寫文章，還幫我畫像，只有你們為我做這些事，謝謝你們！這張畫我要掛在家裡，每天看三回。」這樣有溫度的文字，散落在字裡行間。這本書歷經了十年的努力，集結了無數師生的故事，他們訪問家族長輩、社區耆老、街邊老店，然後寫出了一個個故事，我一拿到書，就讀到停不下來，讀這本書，很燙卻又停不下來，過癮！

培果工作室首席講師　曾培祐

當我們處於一個資訊爆炸、智能焦慮的時代，更多壓榨強逼左腦的運作終究有窮時，而島記團隊用畫像、故事以及更多感動的眼淚讓右腦的情感豐富無盡處。

這群跨科共備瘋狂的老師，其實啟動的是一個有溫度的「對話方法論」，透過問題的引導，我們與這片土地以及其上重要的人重新有了新（心）的關係。

從認識開始、逐漸理解、深化感動、認同乃至於愛，也讓台積電慈善基金會在推廣孝道或是培力偏鄉時有了更豐厚的底蘊。

推薦島記，也謝謝島記，讓共同身在溝渠泥濘中的我們得以一起仰望星空。

台積電慈善基金會執行長　彭冠宇

恭喜島記團隊即將要出書了！近年來從《給阿媽的一封信》紀錄片的放映座談，到博物館的跨校教師研習活動，國立臺灣歷史博物館同仁們很榮幸能夠在疫情危機中，有機會能參與島記團隊的重要實踐行動。而臺史博作為「大家的博物館」，無論是常民文物的蒐集典藏，大眾記憶的口訪紀錄，集體歷史的展示呈現，多元文化的教育推廣，都於島記團隊發掘臺灣人豐富生命故事與動人記憶的核心關懷密切關連。願此正向能量生生不息，我們繼續攜手向前！

國立臺灣歷史博物館館長　張隆志

世界很快，快的我們很少停下來回頭看看我們自己的來時路；世界很大，大到我們總是向更遠的地方追尋，卻忘了自己從何來。

當我們擔心未來的工作和日常被ＡＩ所取代與主導的時候，有一群老師帶領著孩子向內向後追尋自己的家族故事，這是無可取代的價值，也是這個世代的學生需要的引導和課程。我很欽佩這群老師從幼兒園到大學，從學校到社區，開發課程模組讓更多人可以共同參與投入。特此推薦。

臺大電機系教授　葉丙成

《給阿媽的一封信》是一部紀錄片，它的源頭是群像共創計畫，由描繪臉譜而起，繼而涵蓋一場接一場行為藝術、教學工作坊，從書籍、歌曲、繪畫，到各式各樣的課堂分享……十年積累，統稱「島嶼的集體記憶」課程。這個課程的目標是什麼？對我來說是認識自己──先釐清自己從哪裡來，建構自己的主體性，然後便可以擘畫即將前往的方向。如果說電影《給阿媽的一封信》讓我們從數以萬計的家族臉譜中去浮現一個全觀壯闊的臺灣視野，那麼這本書《在遺忘之前：島嶼的集體記憶課程實踐手記》便是告訴我們追索臉譜過程中的更多細節，關於這個課程的方方面面，關於島記成員的流汗流淚，關於熱情如何散播與傳承。

影評人　鄭秉泓

在我還是高中國文老師時，總會教到連橫的〈臺灣通史序〉，裡面提到修臺灣史很難，為什麼？其中有個原因是「老成凋謝，莫可諮詢。」也就是說老一輩都過世了，那些故事也就失傳了。每次講到這句，我心都會一揪，別說修史了，爺爺、奶奶、外公、外婆的身影，已經在我記憶中漸漸模糊，但小時候我是多麼受他們照顧啊！

人生最悲傷的是：「記憶太短，遺忘太長。」我們都以為自己會刻骨銘心，卻終究熬不過時間的侵蝕，一點一滴的忘去。好在，《島記》為我們留住這最動人的回憶。

一群人站出來，用豐富的課程設計、樸實的鏡頭拍攝、以及真摯的文字紀錄，讓家的群像、愛的容顏，在我們的心中，再次綻放。

「Life 不下課」主持人　歐陽立中

「您帶我去看過畫展，您帶我去看過櫻花，那是一顆很大很高的樹，從那天起我最喜歡的花變成了櫻花。」

「從小就是爺爺奶奶照顧我長大，奶奶為了賺錢都很早就出門採茶，還會把午餐的肉留給我們。爺爺喜歡開車，可是老了沒辦法繼續開車了，我希望他們永遠健康，我愛他們。」

這些讓人瞬間已融化的話語都是來自島嶼的集體記憶課程小學生真摯分享，他們從與祖父母的生活日常與訪談其生命故事，畫下家族容顏，並在發表會上敘說祖孫的故事。

島記課程讓孩子有機會深刻認識自己的親人、了解生養我們的土地、知道臺灣的歷史在在每個人的生命故事裡。如果每個學生都能上到這門課，這些生命的養分將會滋養著他繼續前行的柔軟、勇氣與智慧。非常佩服在校園裡深耕島記課程的老師們，也期待有更多人能透過《在遺忘之前：島嶼的集體記憶課程實踐手記》一書閱讀他們努力與感動的故事。

「教育大不同」節目主持人　蕭靜雯

島嶼的集體記憶讓孩子們從自己的長輩身上發現這片土地的過去，透過與他們或資料的互動，描繪著這片土地上人們辛勤的身影與典範，記錄並述說著人們共同創造的文化。文化永續是聯合國永續發展項目追求的內涵之一，文明與價值的傳承將指引我們在多變挑戰中有可依循的處世之道，也為這個世界延續著人性的尊嚴與溫暖。

中華民國瑩光教育協會理事長暨創辦人　藍偉瑩

目錄

島嶼的集體記憶

Collective Memory of Taiwanese

■ 設計師：方一隻

發起人的話

人類最大悲劇是集體記憶的喪失

《給阿媽的一封信》導演　陳慧齡

■ 陳慧齡導演於2021年接受師大校友中心訪談（攝影：黃樂賢）

多年前，我結束了在法國普羅旺斯大學Aix-Marseille1紀錄片研究所的學業，來到巴黎生活，一邊尋找創作資源。那段時期，拍攝與寫作之餘，我常常沿著塞納河畔騎腳踏車，一邊聽著哲學廣播節目。

雖然是同一條河，但我每一次總想著要騎得更遠些，或是變換方向，時而往東，時而西行；有時刻意過橋去對岸，想看看不同的風景。騎腳踏車讓我可以暫時拋開一切煩心的事，像是在杜樂麗花園擺攤畫像，結果被優雅地騎著馬的警察驅趕；最近約會的法國男生居然在看臺灣電影時睡著；更不要說居留證期限逐漸逼近，拍片經費卻沒著落……諸如此類的事情。而且，騎腳踏車的時候，我一定要聽法國文化廣播電臺的談話性節目，且非哲學不聽！（雖然哲學經典沒讀過幾本，但我喜愛思索生命意義，天馬行空的幻想，對外星人可能存在抱持開放態度，當時的我甚至自以為擁有哲學思辨的能力。）

「人類最大的悲劇是集體記憶的喪失。」騎車時，從耳機裡傳來法國哲學家西蒙娜．韋伊（Simon Weil）說過的話。當下的感受，如聽暮鼓晨鐘，讓人覺醒。但隨之而來的領悟，卻也讓我陷入震驚與心痛。我想起臺灣長期以來的記憶斷層問題，以及由此而生的認同困境。原來，臺灣人早已面臨過人類最大的悲劇！今日臺灣社會的認同分歧，豈非傷痕未癒？

當代之傷，已非流成河的鮮血，而是難以撿拾的破碎。也因為破碎，所以渴求完整。西蒙娜·韋伊提到的集體記憶（collective memory），讓人不禁聯想到完整感。但是若要細究的話，「記憶」一詞意旨為何？記憶不是主觀的嗎？很可能在有意無意間就被扭曲竄改，那麼它的價值比得上經過考證的史料嗎？此外，集體記憶等於共同記憶嗎？太多的不同，又如何能融為一體？

早在這些問題意識出現之前，啟發我去探究的，既不是法國哲學，也不是法國的社會學，而是一個法國家庭。

諾曼第的無也樂家族

二〇〇七年初春，我來到法國諾曼第的阿羅芒什海灘。正值退潮，我走到戰爭留下的機具殘骸旁，觸摸附著在斑駁鐵鏽上的海草。這些體積龐大的戰爭遺物像極了當代地景雕塑，神祕地矗立在海灘上。太陽在烏雲密布的天空努力探出半張臉，打出梵谷麥田畫作裡的光。如劇場舞臺一般，灰藍陰暗的天襯托著淺黃金亮的海灘，而連結寒暖對比的竟是瀰漫海上的濃霧！聽說歷史上的諾曼第登陸行動當天也有此奇景出現。聯軍有如神助，在濃霧掩護下突破重圍……

■ 海上起霧的諾曼第海灘。（陳慧齡導演攝於 2007 年法國）

■ 陳慧齡導演與諾曼第無也樂家族爺爺奶奶合照，畫面截錄自紀錄片《通往天堂的信箱》。

望著在霧裡消失的海平線，我開始思念起在世界另一端的故鄉。此時到法國念電影已三年的我正拍攝《通往天堂的信箱》，記錄我的寄宿家庭無也樂家族（la famille Houyel）的故事，常跟一群風趣幽默的法國爺爺奶奶們相處，彷彿離世已久、疼愛著我的祖母又回到身邊。我被這群老人家經歷二戰的童年回憶所吸引。他們輪番訴說著自己的兄弟姊妹們如何在父母帶領下，動員全鎮各農場的資源，幫助成千上萬從康城逃來的難民。這些「平凡人的不凡」事蹟深深打動了我。他們口述的每則故事裡，都有一個「我」，我愛、我恨、我怕，我笑了……那些教科書從不提及的民間記憶，用第一人稱、近在咫尺的距離，散發出庶民歷史生猛的魅力！

無也樂爺爺奶奶們問我，二戰時我的祖父母幾歲？在東亞的他們過著什麼樣的生活？我竟然久久答不出一句話來。祖父母在我很小的時候就去世，我從未想過要了解他們的生平。在對話過程中，這才意識到我對自身家族的無知，對出生土地無感，甚至與臺灣歷史有著近乎斷裂的距離。他者故事啟發、引領我誠實地面對自己，遂決定回國創作紀錄片。除了記錄自身家族故事當作送給自己的禮物，也跟拍了很多人的尋根之旅，最後製作出第二部紀錄片作品《給阿媽的一封信》。

註：「阿媽」為臺語文寫法，意指祖母或外婆。

走向他者之臉

在《給阿媽的一封信》紀錄片中，我曾陪過一位客家女孩前往中國瀋陽，追尋她外公年少青春的足跡，踏上一名滿洲國運將的奇幻之旅。我曾跟一對原住民姊弟走過阿塱壹古道，尋找斯卡羅族祖先的遷徙路線，了解他們的高祖父如何長途南下，最後統御了十八番社的事蹟。此外，我也隨一位年輕客家女子走到屏東大武山前，聽她獻唱，為她那身為排灣族公主的姨婆祭禱，關於公主與一位日本軍官淒美未竟的愛情……

透過鏡頭，我記錄了一對雙胞胎女孩跟祖父的對話，聽他說起如何從中國坐船逃難來臺的悲慘遭遇；拍攝一位鄒族小女孩用大提琴演奏她曾祖父在牢裡寫給妻子的情歌〈春之佐保姬〉。

因為拍攝，我來到花蓮探訪一個年輕女孩的老家。在她家祖墳前，驚見她的外曾祖母用血淚刻下的碑文，以及如何含淚咬牙縫補丈夫與兒子被凌遲過的屍體，然後親手埋葬他們的往事。

到了新竹，我跟著一名年輕男子爬進了被荒草淹沒的廢墟牆洞裡，那是白色恐怖時期一個知識分子自囚了十八年的洞穴……

最後一年，我得以親眼見到並顫抖地撫摸著那一封封未曾寄達的遺書。一名年輕女子向我談起她素未謀面的外公，在信中交代著被槍決後想捐出大體供醫學研究。

彷彿衝破電影《楚門的世界》裡的假布景，我望向藩籬之外，震驚如初生之犢，張大了眼睛。我所認知的歷史被一再顛覆，於是《給阿媽的一封信》紀錄片的剪接一改再改，數不清的旁白版本更見證了自己在拍攝過程中蹣跚前進的步履。

十年間，這部影片從一紙私密家書改寫成一篇祭禱文：從祖母模糊的容顏，走向他者之臉；從微觀匯整成鉅觀，個體記憶交織成集體記憶。

記憶與群像

我把電影拍成一場儀式，讓新生代用藝術寫歷史，訴說對先祖的思念，也許下對未來的承諾。在儀式最後，「我用這幅群像做成衣裳，將你慢慢捧起，穿上。如觀音菩薩一千隻眼的看，一千隻手的描繪。從此，你住在我身上，可以好好安息。」《給阿媽的一封信》最具意義的畫面，正是這幅群像。那是每年收集各校學生與家長授權使用的祖父母肖像畫圖檔，積累近十年拼組而成。我正是運用這個群像共創藝術行動，發起了島嶼的集體記憶計畫（簡稱島記）。群像傳達出這部紀錄片的中心思想：大歷史是無數個人小歷史拼組而被詮釋的結果。每個生活化的家族故事，更是大歷史裡的生命活力單子，讓我們與過去真正連結起來。

每當我看見這個群像，腦海中總會閃過這十多年的人生跑馬燈。辭掉中學美術教師的工作後，我出國念書，從異鄉人的角度看故鄉，驚覺到我來自一個被世界遺忘，連自己也健忘的島嶼。而今，重返故鄉，我更確信：臺灣重建集體記憶需要從庶民的小故事述說起，讓眾人彼此傾聽，歷史才能成為活在人心之中的意識與情感，而非歷史知識。

用十年磨一部片的同時，島記教育夢想旅程也隨之開展。回首草創時期的懵懂，以及一路走來的各種奇遇，彷彿老天安排各路天使引領，藉著一次次的教學合作，讓我對集體記憶的認知徹底扭轉。

二〇一〇年到二〇一二年期間，我將紀錄片作品帶回臺灣，在校園分享。我的啟蒙恩師高雄女中歷史科戴麗桑老師，是第一個跟我合作的教師。麗桑老師到高雄中學任教後，我連續兩年到她的課堂上放映《通往天堂的信箱》，徵選了部分學生參與創作計畫，到學生家中訪問他們的祖父母，並用鏡頭記錄他們的創作過程。

向麗桑老師請益後，我也聯繫了多年老友，在建國中學任教，得過多項文學獎的詩人吳岱穎老師。岱穎幽默風趣，加上他啟發式教學風格，讓高中生們一個接一個探討起複雜的哲學問題。

當時曾經發生了一個小插曲：由於沒錢聘請攝影師記錄上課實況，我自己用腳架撐起攝影機就拍了起來。不料，我被講臺上一條電線絆住，一個踉蹌，攝影機應聲倒下，螢幕當場斷裂。想到那部攝影機是在龐畢度廣場上，為了擺攤跟人搶地盤，畫了兩百多張觀光客的肖像畫之後，才賺足錢買來的，十分心痛。心疼之際，忽然想起臺下學生仍等著我的回應，於是收起機器，認真回答學生提問關於個體記憶與集體記憶之間的關係。

放學後，眾人意猶未盡，又留下來討論了一個多小時。岱穎引導出學生強烈的求知欲，讓我也想在美術課程中納入更多哲學思考。

後來，多虧沈育美老師的牽線，我得以到她退休前任教的北一女中教室放映影片，並與學生對談。育美老師還引薦人文班導師給我，我們一起引導學生列出追尋家族史所需的訪談問題清單，有些學生則寫出給離世祖父母的一封信。該班學生們的學習動機強，講述能力也很好，讓人驚豔。當時還有四、五位北一女教師結伴前來旁聽，連校長祕書駱靜如老師也來了，課後她還約我跟其他老師們暢談教育。臨走前，駱老師送了我好多臺灣紀錄片的光碟，讓我帶回法國好好研究。當時這群北一女教師之間的緊密連結，讓我留下深刻印象，於是想到跨學科組成教學團隊來進行記憶創作課程或許是一項值得嘗試的挑戰。

沈育美老師主動提議到較偏遠的虎尾高中去測試，她認為這些地方更需要記憶創作課程。她說到做到，在親手下廚把我餵飽之後，就開車載我上路了。相較臺北的明星學校，虎尾高中學生們的專注力跟紀律確實差了一些，但讓我印象最深的卻是這群學生們的反應。

那天我請同學們講述「家的意象」，一個男同學說，那是院子裡的一棵老榕樹，樹旁有長凳，長凳上坐著他的阿公在泡茶，身邊有一群小孩繞著樹嬉鬧，小孩抬頭看向門口叫喚的阿媽。他說這個畫面是俯瞰圖，因為他當時早就爬到樹上，聞到屋裡傳來陣陣飯菜香。

他一邊講話，同學們一邊鬧他。而我已經從他的話語看到一個電影長鏡頭畫面。我看到、聽到、聞到並感受到，一種舒緩開展出來的日常生活之美與家的溫度。看著學生們嬉鬧的模樣，我不禁想著：如何引導與鼓勵，才能讓他們看到自己的獨特？什麼樣的教育才能讓鄉下孩子更有自信，讓「偏鄉」不再是窮鄉僻壤？

令我印象深刻的還有一位女學生，她說：「我已經不會講客家話了，家人不會告訴我客家族群遙遠的過去。歷史課本裡面，相關知識也只是簡單一兩句帶過，念完沒有任何感覺……」她家所在的村落郊區有個亂葬崗，一個陰森森的地方。家人或村裡的居民從來沒有人告訴她，那裡究竟埋葬著什麼人，直到她忍不住追問阿公，才知道清朝時期族群械鬥，一群閩南人屠殺掉整個客家村的大人和小孩。就這樣，一村子屍體被後來發現的人草草掩埋，一塚一塚堆在那裡，高高低低的雜草叢生，那是一座沒有墓碑的墳場。

歷史場域，不見得有紀念碑，它隱身在生活的無名角落裡。我思索著關於美術作業，可不可以請學生們共創一個記憶地圖？一樣的街道路線，加上時間的維度。

在育美老師的牽線下，我認識了宜蘭的慈心華德福的老師們，一起合作島嶼記憶課程。岱穎後來也帶著建中紅樓詩社的學生一起看片，從電影討論到人生哲學與詩。在岱穎與育美老師的協助與陪伴下，我獲得了諸多啟發。如今，他們皆已離開人世，但我不曾忘記相處時的種種過程，點點滴滴都化為力量，滋養出我純粹的初心。

影響我至深的，還有戴麗桑老師，她看過無數個我邊拍邊剪的影片版本，從無到有，從粗糙到細緻，從《通往天堂的信箱》到《給阿嬤的一封信》。她看著我成長，陪我走過創作低潮。

我想做群像，但遇到的專業製片、電影導演朋友們，多半會質疑：一部電影不可能承載如此多的角色與敘事。麗桑老師告訴我：「小慧，別擔心。妳還是可以繼續收集，等素材夠豐富了，才有條件去做這個實驗，到時才能論定是否可行。」老師的話有如一帖定心丸，讓我從此心無旁騖地嘗試各種敘事的可能性，遇到舊有的形式不適用，就發明一個新的，關關難過，依舊關關過。我用了長達十四年的時間去進行這個實驗，終能理解自己並實踐初衷。

我不是為了記錄群像生成而拍片，而是以紀錄片拍攝行動介入社會，讓群像顯化成真。

二〇一三年，很幸運地，我獲得雄女美術科劉癸蓉老師的支持，一起攜手設計課程，進行這個教學實驗。

我跟攝影助理許志漢扛著一堆拍攝器材，走進雄女美術教室，開始為期兩、三個月的教學與拍攝。我的身分並不只是跟學生分享影片創作的導演而已，同時也是美術老師。為了確定可以跟每個學生至少有一次以上的指導互動，癸蓉老師建議我跟她在教室各據一方，讓學生以排隊「掛號」方式，跟學生進行一對一的教學。另外，我跟志漢利用中午時間增開影像創作課程，學生帶著便當來上課，邊吃邊學。學生用手機拍出不少讓人驚豔的作品，像是用沙子積累出一張祖母的臉，如行為藝術的錄像記錄；拍攝寫書法的阿公、在田裡種菜的奶奶，為人避邪消災而舞動著的乩童阿媽……

二〇一五年，為了跟拍多個家族故事，我花光了身上所有的積蓄，無法再聘請專業團隊入校拍攝。於是，我聯繫了勝利國小李思瑩老師，她是我在雄女實習時教過的學生。我也把白髮蒼蒼的老爸請來，當我的拍攝助理。思瑩負責將無線麥克風安置在即將上臺分享家族故事的學生身上，爸爸則負責拿有線麥克風收音。

有次，某位同學講到對爺爺最後的告別，忍不住哭泣了起來，癸蓉老師立即走上臺安慰。在這麼珍貴的鏡頭裡，我突然看到收音用的麥克風桿子入鏡，回頭一看，原來是老爸太累打起瞌睡，但我輕聲喊他卻叫不醒。由於我正在掌鏡，想示意思瑩過去搖醒他，這時，我才瞥見她在拭淚。

凝視著臺上擁抱學生的癸蓉老師（一個具備同理與關懷，善於結合生命教育與藝術教育的前輩），和臺下紅著眼眶的思瑩老師（一個擁有創意與細心，善於整合資源與動員人力的後進），不禁猜想著：也許這一路走來，我將不再是孤單一人……

2013 年，陳慧齡導演與高雄女中劉癸蓉師生合照。（陳慧齡導演提供）

從名詞變成動詞：你「島記」了沒？

因長年與各校教師合作，我有幸見證了教室內最美的風景。猶記雄中某班學生上臺發表祖父母肖像畫作時，來自各族群的家族記憶輪番被表述著。有學生說：當年他們的祖父在戰場上屬於敵對陣營，然而最終卻在同一地比鄰而居，世事因緣真是奇妙。有時陷入記憶深處，學生常因思念親人而哭泣，便有好幾個同學圍過去，遞面紙、拍肩、擁抱……在聆聽彼此的過程中，竟悄悄地使個體接納了不同甚至相對立場的歷史記憶，這是「故事交換」帶來的強大效應，讓學生們學會換位思考，體會他人的心情。

若要說十多年來實踐夢想的領悟，一語以蔽之，我會說：「與其把集體記憶當作一個名詞，倒不如把它看作一個動詞。」

這個詞的核心意義已被第一個字「集」所揭示，一個匯聚融合的生成狀態，在這個動態過程中，自然產生一群人共享的知識與經驗、文化與歷史、價值觀與信仰……這句話的重點不是在那一連串可以列成清單的種種內涵，而是在「共享」這個動詞上。

集體記憶不等於共同的記憶，不可能也不需要有統一內涵。那必是異質多元的個體記憶的交流。透過故事交換，長時間對話，同中存異、異中顯同，這個記憶複合體將從各部位彼此衝突轉化為相互對照。

我想像著集體記憶變成動詞之後的模樣，也許就是：「越來越多的人在交換故事」。從一個人的說故事行動，在社群中帶起擾動、激起漣漪，變成一群人長期的行動。歷經十載堪稱社會運動，一甲子實踐後成為文化運動。

這個動詞，是靈動的動，不是動亂的動。即便是故事交換後，我們總意識到彼此的不同，但因為全然傾聽是一種付出的行為，我們因而感到被尊重、被愛。這個一說一聽，再換人說、換人聽的互動過程，讓傾聽者建構了新的認知，同時讓述說者改變了情意的狀態。缺乏思辨，我們容易感情用事，因愛被制約，因恨被操控；而缺乏情感，思想則經常淪為語言格鬥的武器，頂多逼人啞口無言，但無法服人，更遑論召喚人心。唯有思想的辯證與情感的連結同時發生，在「相知」與「共情」之下，人們才有可能打破同一性，重新調整邊界，以安頓更多的個體差異。

相對於可被歸類存檔的歷史知識，集體記憶更像是一種抽象的社會記憶複合體，以有機的方式生長著。唯有人們互相訴說，彼此傾聽時，才能在眾人心中發芽，連成枝條，向四面八方擴散觸角。而「島記」實行至今，全國已有二十多個縣市參與，二百多位教師研發相關課程，上萬的學生學習用藝術寫史，記錄自己的家族故事。我們以實際的教育行動去積累集體記憶，期待未來能成樹成林。

早在我邀人參與「島記」之前，多數教師早已在各自的工作角落默默實踐相同理念，只是他們從不曾為自己的行動取名。「島記」這一詞是高雄岡山國中謝佑真老師取的。（可能是我當初所命名的「島嶼的集體記憶教學創作展覽計畫」太長，即使後來已改稱「島嶼的集體記憶計畫」仍不夠短，所以需要一個簡稱。）大家說這名字聽起來很親切，像是某種豆類食物。如今，這詞從簡稱變成大夥的暱稱，意味著一群教師之間的共識與共情已被孕生。教師們在研習相遇時，常會笑問：「今年，你島記了沒？」「那當然，我已經島記十年了，會繼續島記下去！」

「島記」成了一個動詞，那是一群熱血教師參與的社會運動。我們結黨成群，以此名作為對自己的期許。單打獨鬥不免有懼，但一群人打群架就可以壯膽。今日，我們敢策劃更遠的未來，所有教師無不夢想著：在一甲子的故事交換後，臺灣新生代能磨合出一個共同體所需的共識性，讓先來後到的所有移民後代，同樣可以在這個島嶼上安身立命。

然而，十年前的我不會知道這麼多。那個在塞納河旁騎單車邊聽哲學廣播節目的女子，她對集體記憶的認知還停留在名詞上。更慘的是，騎到一半遇到前方道路施工，於是她被迫離開美麗的河畔景色，繞道騎進一條砂石車往來頻繁又狹窄的荒郊公路上。沿路的風景開始改變，出現越來越多的工廠，她的心毛了起來。許多卡車司機對她狂按喇叭，砂石車從旁而過帶來風的呼嘯。在巔簸的路上，她小心翼翼地騎著，「這一路繼續走下去，真有可能重回塞納河畔嗎？」儘管有一秒鐘的時間，她幻想自己誤入一所核能發電廠。然而下一秒，她的思緒被哲學占滿，彷彿有股勢不可當的力量推動著她的思辨，以至於她的雙腳無法不呼應這個節奏，只能繼續踩踏。恐懼所激發的腎上腺素開始擴散，女子不知不覺地把耳機調得更大聲，想用哲學為自己壯膽。

然後，扎根下去

西蒙・韋伊在《扎根》（*Enracinement*）一書中提到我們長期追求的自由與人權，仍不足以餵養一個人的靈魂。因為人們內心還存在著靈魂的飢渴：渴望愛、被愛，渴望有所歸屬，渴望有所建樹的深刻需求。

「扎根也許是人類靈魂最重要但卻最不為人知的一項需求。這需求很難被定義。若一個人接觸到某一社群，該團體能承載過去的前人智慧，且對未來有所感知，有所期許，那麼這就是一個可以扎根的所在。個人對該團體的實際參與，將使之安身立命。這裡所謂的團體，指的可能是某地，出生地或工作身處的環境，以及一個人成長自然會接觸到的社群。我們每個人都需要扎根，而且需要同時擁有很多根源。從我們所選取的，所歸屬的不同社群裡，去建立我們的道德、智力以及精神生活。」

西蒙・韋伊的理念帶來兩個啟發性。對比起歷史教科書中冰冷的知識，她所提出的「社群」概念具體且生活化，更能幫助我們建立一種承先起後的歷史意識，連結個人的過去與未來。而她進一步闡述的「多元社群」觀念，更讓我跳脫原有的思考藩籬與想像限制。因此後來，當我在尋找紀錄片的被攝者時，特別留意到高雄中學一位學生的家族故事。

認同是自由意志的選擇

陳志綱同學在美術課作品發表課堂上，講了一個瞬間吸引全班目光的故事。他的爺爺於中國出生，一九三六年被徵召加入了中國遠征軍的行列，到南洋作戰。當時，國民政府為了防堵日本空軍透過印度侵入中國西南方的防守線，於是與英國空軍進行軍事同盟，一同派遣空軍部隊到緬甸共同防守。

這一天，身為小組長的爺爺下錯了一個指令，原本要到A山頭降落，他們卻降落在B山頭。事實上，日軍早已派兵埋伏在A山頭伺機突襲，因此所有隊友都被殲滅，只剩下他們這一組的士兵僥倖存活。由於軍備糧食不足，他們被迫在緬甸的熱帶叢林中求生，接著從叢林走到緬甸村落，在異鄉一待就是十二年。當時，國民政府已經來臺，他們最後徒步經由滇緬公路到了中國之後，才想辦法逃到了臺灣。

陳同學很意外地發現爺爺的認同感不是出生地中國，也不是安度晚年的臺灣，竟然是與同袍意外滯留的緬甸。爺爺在生前交代孩子們一定要將他的骨灰埋在緬甸的土壤裡，只是孩子們心有不捨，最後未能遵循他的遺囑。陳同學做出結論：「爺爺所有的熱血回憶都是在緬甸度過的，所以我認為他其實可以算是一個緬甸人。我們應該是要以一個人自己的想法，去認定自己是屬於哪一塊領土的人。」

這個家族故事帶給我的感觸是，人可以跳脫血緣、出生地的限定，根據自由意志去選擇不同的社群，這個說法呼應了西蒙娜・韋伊所提出的「社群」種類大小不一且有多重選項。認同是一個自由的選擇，不是必然的宿命。若進一步去延伸認同的範疇，可以說：臺灣文化根源如此豐富，可扎根的位置並非只限原鄉；島嶼之外，我們可連結世界的所在也不止一地。

從發現到發明

在《給阿媽的一封信》紀錄片中，我刻意安排在陳志綱同學的故事之後，接續歌曲創作者邱俐綾的姨婆邱瑞珍的故事，因為我想進一步呈現自我認同與文化身分成為一個「複選題」的可能性。

邱瑞珍具備客家血統，養母是排灣族大頭目的女兒，養父是臺籍日本警察，生父母是養父母的世交，彼此交往密切。她從小精通排灣族語、日語、臺語、客家話，國民政府來臺後，學會了華語，退休後跟著移民到美國的女兒生活，也學會了美語。語言對她而言，是跟家人、族人溝通，以及結交新朋友的工具。

「我覺得自己是自由的，因為我了解每一個族群的文化與習俗，每一種語言我都會。你要講什麼，我都可以對應。來啊！你來啊！」邱瑞珍豪氣干雲地說道。

高齡九十六歲的邱瑞珍婆婆，在她的生命歷程裡，究竟是如何將各社群的養分融合於一身，形成多元文化認同的呢？

英國文化研究學者斯圖亞特．霍爾（Stuart Hall）說：「文化認同不是一個固定的、本質的反映，而是一個變成（becoming）的過程。」他的意思是：「認同」反映的不是發現某事實，而是在時間中醞釀出一種選擇、一個立場的決定。在社會學上，認同與身分兩個詞語的英文都是identity，這意味著「身分」並非永久不變的既定事實，就跟認同一樣，是有機的、變動的過程。從發現「我可能是什麼人」，走向「我想成為什麼人」。然後，人們會因新的文化元素進入生命，而重啟另一個認同輪迴，最後在無數循環中完整了自身。

身分的形成，不單單是「發現」所來之源，更是一種充滿創造性的、對所欲往之處的「發明」！

一開始，這是個讓我感到驚喜的領悟，但隨即想到：光有發明仍不足以建立一個社會性的身分，因為這還牽涉到他者觀感。假設我運用特長回報某社群，個人觀點與獨特能力在利他行為中，將為我贏得其他成員的接納、尊重與認可，進而賦予我一個超越表面頭銜的實質社會身分。所以個體身分絕非單方面的自我宣示，勢必與群體認同保持連動關係，在一個與他者持續往來的動態平衡中自然生成。以邱瑞珍婆婆為例，身分問題對這樣一個融合多元文化於一身的傳奇人物來說，早已超越「我是誰」的單選題，而到了「我想成為誰」的多選題。她不只發現並發明了自己的身分，她的基督教信仰以及從小被當作未來頭目的教養，讓她對他者需求敏感，並培養出服務他人的熱情。對不同族群的真誠對待與付出，最終換來了眾人的敬愛。

讓一個人同時擁有不同社群，等於運用多個群體認同的文化養分來豐富個體身分。社群可以是超越國境、種族的邊界，因認同某種思想或文化價值觀所匯聚的一群人，自然形成的一個共同體。多元社群發展到極致，想必可突破所有固定邊界而形成最大的共同體：全人類社會的和平地球村。當代人因私心貪念，競逐資源相互爭戰，至今尚無能打造出這個烏托邦，但我們大可不必譏笑烏托邦這個詞語。當代消沉冷漠的犬儒主義者，將「虛無」無限上綱，對政治冷感，認為所有的歷史論述都是一種刻意的操作，到最後，他們拒絕相信世上所有正面的美好價值。但從歷史的演變裡，我們已知一個極權體制之所以能維持，正是建立在人們的消沉與冷漠上。在當代，做一個樂觀主義者不容易，去談論烏托邦，更需要勇氣。

「烏托邦」之所以需要被想像，正因想出理型的多種可能性，就可用來對照現有社會系統，進而發現盲點與不足。這是在悲觀環境中明知不可為而仍為之的樂觀行動。讓我們試著想像，作為動詞的「集體記憶」所形成的人類情感的網路，很可能就是這個共同體伸縮靈動的骨架。從高處遠看這無數的聯結千絲萬縷，彷若書畫中的皴法，交疊到最後就會形成一種綿密的均值肌理。我容許自己從想像中推測，它與大一統的天朝世界觀完全相反，肯定是去單一中心化的模式。各自獨立卻價值互通的「多元社群」，如千萬交疊連動的球體，應該就是這個共同體的肉身……

完成多次的想像練習後，就是實踐。人們渴望心有所屬的社群，期待被其肯定，對之有所建樹。從個體身分與群體認同的連結，直到一個更大的想像的共同體的生成，這條漫漫長路的關鍵就在於「記憶」。安頓了人類記憶，其他所有複雜問題都將各自找到出口。如果我們只談當代困境、相對立場相互辯論，永遠無情感交集。暫時擱置當下，回到遙遠的過去，反而可能因此放下武器，試著去傾聽。因為沒有人不愛聽故事，不是嗎？

而說故事最好的載體是「藝術」。若藝術侷限於藝術家的自我實現，只是待價而沽，等候資本家收藏。它更應當為庶民所用，成為族群之間的橋梁。歷史教育也將因藝術介入，而獲得一種承先啟後的儀式性。如同站上神殿高臺，畫幅肖像去愛一個人，唱首歌曲為土地立像。用藝術安頓記憶，讓人們在這座島嶼上扎根，正是我跟其他老師們約好要做一甲子的心願。

以終為始，找尋烏托邦的地圖

將策展構想置入教學的好處，就是讓教學脈絡化。因為策展可以幫助我們以終為始，去設計出整個課程架構。我自己就常常幻想一甲子後的島嶼集體記憶聯展，也愛邀請旁人跟我一起天馬行空地想像。我們這群島記老師喜歡幻想展覽的模樣，在我們的想像裡，除了各種子題的系列展廳，與時光走廊般的圖像與聲音創作之外，在博物館大廳牆上，將有一個巨幅主視覺圖像，由上萬張常民肖像組成，那是經過兩三個世代接力完成的島嶼群像。

展覽的終極目的不是展覽本身，而是在整個過程中產生群體認同。各縣市、城市與鄉村，所有學生、家長、老師、參與教學的藝術家們、各社區協會文史組織，共聚一堂，就非得找出彼此作品的關聯不可；容許相似與對立，才能同展互鳴。人們因此而對話，將各種想法、創意交集匯聚成一個公分母。許多的小我與小我相遇，星星小火互相輝映，就成了光芒萬丈的「我們」。我想這就是德國美學家阿多諾（Theodor W. Adorno）所說的「集體的主體性」。

在島記的「世界故事交換計畫」裡，學生用臺灣故事與世界交朋友。把時下流行的國際教育的內容，從珍珠奶茶、臺灣小吃，轉換成更具個人情感與人文深度的家族與鄉土記憶的交流。兩國學生們漸漸地會意識到彼此差異，自然而然就會探討到歷史文化比較的議題。這些議題可以再次成為學生的創作主題，比如根據所交流的國家對照的議題，可能是移工後代的群體認同、移民社會的文化融合、南島語系的再連結、海島國家的視野、世界原住民的對話、轉型正義的比較等等。

所有我們希望新生代去探究的議題，以及期待他們傳承下來並進行創新的文化精神，都可以被設計為教學單元，接著再轉為展覽的子題。儘管展覽內容關乎過去民間記憶與當代庶民的生活日常，但是創作觀點與策展概念，卻無一不直指未來。

我們正透過島記建構「臺灣集體的主體性」，而當這個群體認同觸及世界記憶，並以它為養分時，所叩問的將不再是「誰是臺灣人？」，而是「臺灣人可以為世界做些什麼？」

建構開放多元的集體記憶是人類社會的需求，若我們能跟其他國家的人民共同面對這個課題，交換彼此的記憶拼圖，並以藝術將之淬鍊成詩，那麼，我們將可望進行一連串的跨越，跨出族群、語言、文化、國家，跨越意識形態，跨越地緣政治的宿命，跨越臺灣四百年來的存在困境，與世界連結，並且做出貢獻。

愛爾蘭劇作家王爾德說：「一張沒有烏托邦的世界地圖，根本不值得一顧，因為它遺漏了人性必然登臨的國度。」我們以群像作為一個人類集體記憶具體而微的美學理型，正因它表徵出一個比當代社會更高級的秩序，一個烏托邦的可能性。

形式即內容，景框之下的布局必對應著方寸之間的領悟。這群像如馬賽克緊緊鑲嵌著各時代臉譜，我們對過去的詮釋與領悟，將顯化成我們的未來：被邊緣化的個體可脫離孤立處境；群體裂解亦可重新縫合；人們肩並著肩，向一個無邊界的人類共同體步步趨近……

終於，那位邊騎單車邊聽哲學廣播節目的女子，離開險路，轉進一條小徑，塞納河重新映入眼簾！河畔土地寬廣，小鎮入口設有教堂。一問才知，已走出巴黎，到了外省。當下心中滿溢著尖銳的喜悅，她想到未來只要長期實踐過，就不怕旁人嘲笑，可以大聲說出自己的理念。自由如風，伸向無邊天際，彷彿所有經歷皆為此刻領悟而生，要她在找到使命前鍛鍊筋骨，長足羽翼。

事實上，除了夕陽光照產生的自我感覺良好，接下來要面對的是與砂石車相遇的窄路，而且是在荒郊沒有路燈的暗夜裡。回程才是考驗的開始，此刻，她覺得有必要換一個哲學家來聽（壯膽），於是點開巴黎第八大學錄製的德勒茲教學實況錄音……這時的她，尚未知曉在不久的未來，將以拍片計畫獲得文化交流的居留證，也沒料想將遇到一個看臺灣電影時不會打瞌睡的法國男子，而散盡家財後，仍會受到各路貴人相助完成電影夢。

落日餘暉映照臉龐，她的心思隨風飄到了諾曼第。那片霧茫茫的大海再次引發了她的想像，一個島嶼意象瞬時浮現於心。曾經那是鄉愁，是旅行的終點；而今，那是航向世界的起點。

自由之鯨在濃霧中自海面浮起：一雙炯炯有神的眼、一張臉、許多張不同的臉、我們的臉……

《給阿媽的一封信》臉書粉絲專頁

《給阿媽的一封信》預告片

寫在前面

做一甲子的傻瓜：島嶼的集體記憶教學計畫團隊專訪

採訪撰文　林怡君、林宜家

■ 富有赤子之心和實踐力的核心團隊。

在認識「島嶼的集體記憶教學計畫」之前，對於「教師」這個名詞，一般人會在腦海浮現的印象，絕大部分與成績的追求有關。教授知識、技能，協助學生達到某種成就，是一種由外而內形塑的過程。從來沒有想過，原來還有這麼一群教師默默帶領著學生們回頭追尋被時光埋沒的記憶，找回生命中更多珍貴的事物。

很難想像，一個持續運作多年、參與師生上萬人的教學計畫，主要運作團隊只有六個人。沒錯！除了計畫發起人陳慧齡導演長年旅居法國，全員五人聚在一起開會，連一張會議桌都坐不滿！

近距離接觸後才發現，這幾位老師的行事風格有著鮮明的對比；也因為如此，她們在訂立目標後會自發性地擔任起不同角色，雖然平常各自獨立作業，卻有高度互補的默契。要說她們最大的共通點，大概就是談笑間公事便能灰飛煙滅的功力吧！

一個人的夢想串起一群人的瘋狂

「在教學現場的實驗與拍攝影片過程中，我逐漸構思出『島嶼的集體記憶計畫』藍圖。我們要用藝術寫歷史，逐年集結肖像作品與故事，匯聚出一個跨年齡、跨族群，甚至跨國、跨文化的時代群像，讓島嶼的孩子都能說自己的故事，還能跟全世界的人們交換故事。這很瘋狂，要一大群人一起做很久，不是拍電影就夠了，必須結合一個教學計畫才有可能完成。」計畫發起人陳慧齡導演說道。

目光如炬的慧齡導演，言談間有著不容忽視的堅毅：「辭掉教職出國念電影後，從異鄉看故鄉，才知道我來自一個被世界遺忘，連自己也健忘的島嶼。」有著美術教師背景的她，受到不同文化的衝擊，決心回臺。她想藉由藝術教學抵抗遺忘，幫助更多年輕人追尋記憶的脈絡，建構自我，進而對自身文化產生價值認同，甚至能進行國際間的交流。

慧齡導演的紀錄片《給阿媽的一封信》，見證了一個長達十四年的行為藝術，她發起的「島嶼的集體記憶計畫」，不只是一個教學計畫，更是為臺灣發起「群像」建構。這幅群像不只經由描繪上一代的容顏來認識臺灣史，它也藉由詮釋作品的觀點，揭示了新生代放眼未來的想像力。也就是說，這是由島嶼青年自行詮釋記憶，再回過頭來定義自己，並以藝術啟動臺灣當代地位的一項壯舉。

當然，這需要很長的時間累積故事和志同道合的夥伴，也需要教育單位的支持，以及許多貴人從中整合聯結，而這個小小的核心團隊便是在看不見未來的路上，從零開始。

二〇一二年，一通越洋電話讓慧齡導演獲得摯友高雄女中美術科劉癸蓉老師的支持，共同設計課程。在此之前，導演已經到過北一女中、建國中學、高雄中學、虎尾高中等校與師生分享過紀錄片拍攝心得，並且與教師們多次討論相關議題。直至此時才首次進行大規模的教學實踐，以十個班、一整個學期的時間來進行「島嶼記憶家族容顏」的課程。

教學認真且嚴謹的癸蓉老師早就安排好一學期的課程內容，但她卻毫不遲疑地擱置一旁，全心投入這場充滿不確定性的教學實驗，只因這個計畫符合她原本的教學精神。多年來，癸蓉老師將生命教育與美術課融合，島嶼記憶課程就是最好的延伸。

「執行沒有一定的流程或是步驟，我願意跟所有人分享我做了什麼？怎麼去做？讓每位老師回到自己擅長的領域，變化出自己的島記課程。」研發島記課程的靈魂人物癸蓉老師以自己的課堂當作實驗，不斷推陳出新，至今已逾十年。每一個設計過的課程，都成了其他教師的觀摩教材。

高雄市前金幼兒園的小小孩也訪問了家族長輩，公布欄上是爺爺奶奶的肖像畫，極富童趣。

也許是那些故事讓人動容，也許是癸蓉老師的聲音太溫柔，在她猶如電影獨白的描述下，他人的生命情境闖入了自己的回憶，感同身受地牽引出一幕幕來不及珍惜的遺憾。這股內在衝擊太強大，或許也說明了島記課程為什麼能夠虜獲人心，讓這麼多老師義無反顧地投入的原因。

島記喚醒的，不僅是記憶而已。接下來，有更多老師願意加入推廣這個計畫。執行島記課程的老師，最不缺少的就是一股傻勁，而高雄市勝利國小的李思瑩老師，可說是島記最強而有力的推廣者。其他夥伴笑說：「思瑩老師一開口，三句不離島記課程。」

「一開始，真的只是覺得這個計畫很好，就想挺自己的老師，沒想到一挺，就挺過了這麼多年。」因為這段師生淵源，思瑩老師於二〇一五年前往高雄女中協助慧齡導演拍片，結識了劉癸蓉老師，也見證了島記課程對高中生的深遠影響。她欣然接受導演的邀請，回到自己任教的崗位設計國小版島記課程，甚至在導演完成拍攝，回到法國進行後製工作後，仍然藉由籌劃一次又一次的教師研習活動，分享給更多教育、文化界人士。身為島記計畫最強大的代言人，她也不斷思考著，還能為島記聯結什麼資源，做出不一樣的內容。

一個計畫要能長久執行，除了感性，也仰賴背後的行政作業推動。你可能很難想像，我們教育體系中的文書行政有多麼繁瑣，更遑論計畫牽涉的範圍越廣，與不同單位的串連更困難，必須有條有理地執行。而整合所有能夠應用的資源，是個吃力不討好的任務。

一定有個島記大神吧！

至於其他成員會踏入這個坑，就要從廖俞雲校長說起。

故事是這樣的：

某個下午，身為課督的廖俞雲校長聽完思瑩老師自行舉辦的「島嶼的集體記憶」課程研習後大受感動，風風火火地衝進辦公室，企圖想找人說幾句話。

在略為昏暗的燈光下，同事們都埋首於公文堆，只見俞雲校長將包包俐落地丟在桌子，就開始滔滔不絕地說起剛才在研習中被點燃的亢奮心情。

「你們知道嗎？居然有一位老師自發推廣一個很感人的課程，這個時代居然有這樣的教育苦行僧，我覺得我們可以一起來幫她做點什麼！」

正當現場一片鴉雀無聲時，宜家校長秉持著對同事的友善態度，默默抬起了頭，說了聲：「是喔！」

就在這致命的一刻，俞雲校長一個眼神直直盯著宜家校長：「對！就是妳！妳就加入我們的行列，一起來支持這位國小老師好嗎？」

這個急轉直下的劇情，讓宜家校長呆愣了幾秒，就這樣莫名地被推進了一扇未知的門，轉眼之間，也堅持到了今天。

佳玲老師的加入就更是順水推舟了。原本協助俞雲校長處理行政事務的她，幫著幫著，就跟著上車了。

當然，這個故事絕對不是要告訴大家，沒事不要亂抬頭，而是冥冥之中似乎有個島記大神。如果不是祂的牽引，島記也不可能成為萬人共享共構的群像大夢。

一起入坑的鍾佳玲老師為「高雄市十二年國教課程發展團隊」輔導員，平時因為職務關係常與大學合作，洽談各方教育資源，這讓她宛如團隊經紀人，串連了許多文化圈的資源，將島記課程延展到不同的領域，促成一些合作契機。也是在佳玲老師的牽線之下，將中山大學的師資培育與時下教育界重視的教師專業成長，在島記上做了巧妙的結合。

不過，這個核心團隊一路走來也不全然是無風無雨，性格迥異的六人小組，其實也面臨過嚴重的意見分歧。

「島嶼的集體記憶教學計畫」最特別的一點在於，這完全是第一線教師們自主發起的課程，他們率先啟動，召集更多人參與，漸漸獲得教育單位的關注，開始提供各項資源，使其延續下去。

核心團隊一直處於自主運轉的狀態，並沒有擬訂特定目標，乍聽之下很自由，但換個角度來說，既要守護計畫的初衷，又必須兼顧不同層面的期待，究竟該何去何從，真的是一大考驗。誰也沒料到的是，認知的差異會在某次籌劃課程新方向時引爆爭議，甚至差點面臨了解散的命運。

當時準備舉辦大型展覽時，成員腦海中都有各自的想像。由於大家平常工作忙碌，就憑著默契各自進行，忽略了溝通的過程，最後猛然發現，有的人專注於課程的廣度，想展示各個學校的參與成果；有的人希望呈現單一學校課程發展的深度。

「當下的心情就好像老夫老妻之間爆發了婚姻危機，要麼離婚，要麼牙一咬，繼續走下去。說到離婚，又覺得捨不得這幾年的付出和積累；說要繼續向前走，又覺得委屈，心裡有太多糾結了！最後大家還是決定冷靜下來，重新開始。」俞雲校長帶著一貫的笑容說著。

「想想，能在工作之餘，花時間堅持做島記這麼久，也真的是難得的成就呢！」宜家校長補充說道。

正因為大家都是懷抱著滿腔熱血投入，看見彼此無怨無悔地堅持下去，越發珍惜這股難能可貴的情誼。就如同俞雲校長說的：「我們這團隊有個優點就是彼此滿互補的。我們不會同時心情不好，總會有一、兩個人保持平常心，互相調侃，就把大家都拉起來了。」

如今，「島嶼的集體記憶教學計畫」成為教育圈招牌響亮的課程之一，累計了豐碩的教學成果，中間也經歷過一連串磨練心志的過程。

初期為了推廣島記，團隊接到合作邀約都很開心。但偶爾還是會遇到一些單位把老師們的付出當成免費研習服務，或者一聽說要做這麼多前期討論與準備，人影就消失不見了！遇到資源和經費捉襟見肘時，心有餘而力不足，也讓核心團隊難免會喊心累。

「其實做島記這麼多年，東奔西跑、自墊車錢是常有的事。這都沒什麼，有時嘗到人情冷暖還是會難過，但一想到可以帶給孩子們成長，以及看到長輩的笑容，就會覺得自己在做的事情很有意義，其他煩惱也就拋在腦後了。」癸蓉老師說道。

隨著口碑逐漸建立，慕名而來的合作對象也大多是真心被感動，願意與核心團隊們真誠交流。多虧兩位校長的火眼金睛把關，有心設計課程的老師們也可以專注在課程研發與計畫推廣上面。

凡走過必留下痕跡

島記團隊成立至今，經歷了大大小小的研習，也參與過無數次課程共備，曾舉辦多次跨校跨縣市、跨形式的聯展，是島記推廣重要的里程碑。

猶記得二〇一七年在一個巧合的機緣之下，團隊首次挑戰籌辦大型教育研習活動。兩天一夜的課程安排，從慧齡導演的《給阿媽的一封信》紀錄片初剪版試片會揭開序幕。以影片為導引，成員們邀請有興趣執行島記的老師共同設計課程，進行歷史與哲學的思辨對談。

為了呼應島記精神，連續兩天的午餐由江舟航掌廚，臺法美食輪番上陣，攻占了大家的味蕾。扎實的研習內容獲得當時教育局范巽綠局長的讚賞與大力支持，點燃的火種也逐漸開始蔓延，許多老師回想起與島記的緣分都是由此開始。

島記的核心精神之一，是重視肖像畫背後故事的交流，不只是在單一課堂發生，而是要走出教室，與不同世代、地域甚至文化背景的人們，用彼此的故事來對話。

恰逢這個時間點，高雄女中因為校舍耐震補強工程，暫時遷移至左營區勝利國小附近，癸蓉老師與思瑩老師變成了鄰居。於是兩校中間的果貿社區，就變成了島記社區課程發展的交會點。兩位老師在核心團隊的齊心協力下，聯手舉辦首次大型展演「不老×初心＝果貿相遇──勝利國小與高雄女中聯展」，用高中生與國小生的視角，創作出果貿社區居民的肖像畫，親身感受老社區經歷時代興衰後，別有風味的美麗。

展場座落於社區的絕佳位置，讓許多當地的爺爺奶奶都能到場參與。為了這場精心設置的展覽，團隊卯足了全力，設計出果貿聯展專屬明信片、藏寶圖，並且安排孩子們與長輩共舞，當天活動中心飄散著一股濃濃的復古味。

從來沒想過，世代的錯落交集竟能交織出如此多彩多姿的和諧畫面。雖然籌備過程中的瑣碎與忙碌，幾度讓核心團隊壓力大到落淚，但島記老師最大的特點就是看見成果的美好，就會忘了過程的辛苦。

當爺爺奶奶從肖像畫中看到自己在孩子眼中的模樣，自然而然綻放的感動笑容，便是老師們的能量補給來源。

活動結束後，島記核心團隊彷彿上癮一般，立馬著手隔

■ 2017 年，島嶼的集體記憶課程在果貿社區活動中心辦理第一次「不老 × 初心 = 果貿相遇—勝利國小與高雄女中」大型聯展，現場熱鬧滾滾。

年的二〇一八翻轉高雄教育節，舉辦《島嶼記．地方學——串聯世代故事》展覽。這次是召集十八所學校，橫跨幼兒園到社區大學的跨校、跨縣市大型聯展。光是思考如何呈現上百幅家族肖像畫的作品，就讓人傷透腦筋！幸好宜家校長和策展團隊李思瑩老師、丁芯瑜老師、蔡孟恬老師神來一筆，將作品統一輸出成立體紙箱，堆疊出超壯觀的作品城牆，也呼應了那些沉睡在歲月裡的故事，有著不容忽視的安靜力量。

《島嶼記．地方學——串聯世代故事》的畫作展區主題分別為家族肖像畫、家傳菜、家傳記憶物等。家傳菜區特地打造成傳統辦桌場景，光是視覺上就有讓人飢腸轆轆的效果。家傳記憶物更是搬來古董菜櫥與化妝臺，一下子穿梭回到民國初年，令人不自覺沉浸在老宅的靜謐氛圍當中。

展區中一隅，是所有參展學校一整排陳列的制服。策展團隊陳純瑩老師自製的水泥桶晒衣架，晾晒著每間學校的書包、制服，宛如回到童年生活的眷村，家家戶戶衣服旗飛揚，有種懷舊感。

此外，團隊也邀請多位參與老師用口述或是紀錄片的方式分享島記經驗。高雄市瑞祥高中在翁淳儀教官帶領下，以榮民之家的爺爺為課程主角，並在開展當天，請他們現身訴說自己的經歷，讓活動達到最高潮！

當爺爺們布滿歲月痕跡的身影，緩緩進入會場，聽他們描繪著陳年過往，感受到生命的價值有另一層的意義，那種微微酸澀的感動像是剝洋蔥一樣，從眼眶緩慢淌入心房，內心的震盪，更是無限大。

留下一甲子的感動

所有參與島記課程研發的老師們，似乎都有一股強悍的生命力，即使辛苦，也要走下去。因為他們總能在每幅成果作品中，找到堅持的理由。他們知道，這條路要走的不是一陣子，而是一甲子。

值得一提的是，未來教師們也參與了「島嶼的集體記憶教學計畫」。當劉癸蓉老師開放教室，讓中山大學師培所學生見習島記課程，他們提早進入了實際教學場域，學習如何成為一名真正的教師。

引薦師培生進入課堂的鍾佳玲老師說：「島記課程的特點之一，就是從老師開始有感，這個認同會逐漸蔓延到學生身上。因此，老師是島記最重要的關鍵人物，從師培時期開始體驗島記精神，相信他們一定能看見教育所帶來的感動。」

二〇二〇年，島記團隊出版了兒童繪本《阿媽，你去哪裡了？》，精選十幅風格迥然不同的作品，用童趣的方式串連起全臺各地特色建築。不管翻到哪一頁，彷彿都可以與自己故鄉的阿公阿媽產生共感。團隊還籌辦了「聲亮島嶼」分享音樂會，與《阿媽，阮轉來啊！》島記推廣五年回顧展，藉由不同的藝術形式，將過往感人的作品集結起來，用不同型態，分享給更多人。

宜家校長還特別譜寫主題曲，作為謝幕大合唱，為這場音樂會劃下圓滿的句點。

為了不讓老一代的故事太快凋零，也為了保存珍貴的庶民史，島記團隊主動出擊，走入偏鄉，與不同教師們合作，遊牧式駐點在各地校園，逐步邁向慧齡導演的目標，蒐集島嶼的在地故事，拼湊出島嶼的時代臉譜。

「又來了，你沒有別的事情可以做嗎？怎麼又要做島記？你們要做多久？」

俞雲校長繪聲繪影地模仿著女兒常和她說的話。看似無奈的玩笑話，又何嘗不是家人的心疼？接洽、開會、執行、討論、研習、辦活動、辦展覽……這些驚人的工作內容，核心團隊沒被嚇跑，還越做越勇，本身就是一件令人驚奇的事。

做島記的這些年，經歷過大大小小的事，六位核心團隊成員對於它的情感已不只是最初的感動。提起對於島記未來的期待，每個人都有自己的想望。

「慧齡導演提出一個很崇高的理想，我們能做的，就是在自己的教學領域裡努力實踐，畢竟島記最棒的地方，就在於它的兼容性。當你嘗試保存記憶，無論用什麼方式，基本上就已經活在島記精神裡。」癸蓉老師說：「我是一名美術老師，所能做的，就只是盡力在課程中不斷研發，讓這些經驗成為能被借力使力的資源。身為核心團隊的一員，我們都有各自的使命感，看到其他老師有需求，我們都很願意提供一己之力。」

「一直以來，因為島記，我實踐著用藝術保存記憶的理想。我也想知道當藝術作為一種載體，這條記憶路可以走到哪裡。」有著明確目標的癸蓉老師，眼神閃閃發亮。

「我希望未來能喚起更多人對記憶保存這件事的重視，更希望孩子們能夠體會，這世界上的每一個人都是很珍貴、值得被記錄下來的，這就是尊重多元，擁抱差異的實踐吧！」思瑩老師繼續說道：「其實島記課程累積這麼久，已經不只單純是藝術課，合作對象也不再只有老師。藉由不同的連結，與藝文、環境、社區協會等團體合作，課程早已演變出許多面貌，帶著不變的核心精神進行變化與突破。」

■ 2020 年核心團隊至監察院拜訪，並宣傳「聲亮島嶼」成果分享音樂會。

宜家校長笑著補充：「因為疫情的關係，很多課程都改成線上教學，甚至還能出成教材包，快速傳遞理念與方法。也許未來我們也可以有這方面的規劃，用最有效率的步驟，思考系統化的累積。畢竟未來還有五十年要努力，慧齡導演的目標是寫六十年計畫，我們可能還要世襲給下一代才行。」

佳玲老師也分享了她的心得：「這幾年在島記裡，我可以清楚地看到，透過不同的方法、歷程甚至是議題，看似在記錄家族故事，其實是在幫助孩子追尋自我。當孩子發現自身價值後，會更勇敢地探索，建立與其他人的互動，打開對周遭事物的感覺，人與人之間彷彿有了連結的溫度。這是一股柔軟卻能深耕在心裡的能量，對師生之間來說也是一種集體意識的改變，我想一〇八新課綱所強調的人文素養教育，就是長這個樣子吧！」說到這裡，她笑了笑，說道：「大概也是見證這些過程，所以老師們踏上島記之路後都很難離開了。」

在「島嶼的集體記憶課程」裡，想讓學生看見的不是英雄事蹟、歷史典故，而是曾經存在我們身邊的小人物們，以眾生相集結成的「時代臉譜博物館」。

「這些平凡其實也是不平凡，因為有那些點點滴滴，才能累積成這個時代的記憶，而我們也正以行動書寫當代歷史。」宜家校長為島記做了一番注解。

瑞濱國小的孩子趴在地上創作，好像正對著爺爺奶奶說悄悄話。
（瑞濱國小提供）

於高雄文學館進行《阿媽，阮回來了》島記教育推廣五年回顧展，由李思瑩老師擔任策展人。

「島嶼的集體記憶」這一門課，課本裡沒有教，考試不會考。但是，如同歷史一樣，沒有過去，就到不了未來。這個以藝術書寫臺灣史的使命，集結了眾人之力，一旦起步之後，就不會停下來。

「島嶼的集體記憶」理念影片　導演：陳婉菁

■ 島記偏鄉講堂在瑞濱國小，胡承恩小朋友透過作品對里長爺爺告白。（瑞濱國小提供）

中華民國110年11月27日／星期六

六龜日報

出版者：六龜國小六年一班

家人們認真工作

媽媽工作的過程

我的媽媽很勤勞，她花了好多時間來種植敏豆，當田地空空如也時，要投入好多錢，因為鋼鐵有些昂貴，需要好幾萬元，另外，還要加上網子的費用，所以，對媽媽來說，這些都是沉重的壓力。媽媽在種植敏豆前，需要先將網子架好，也要把水管接好，還要用心選購敏豆的種子。媽媽在種植敏豆的過程中，要先把土地用濕，接著挖洞，再放入計算好的種子數量，然後就要持續澆水。等待敏豆發芽，媽媽每天都要早起，細心觀察嫩芽，將嫩芽往上移動，甚至要工作到凌晨，非常勞累。媽媽為了多賺一點錢，讓我過得更好，所以，全心全意的種植敏豆，很遺憾的是，今年暑假，因為淹水，敏豆全部死光光了，這次讓媽媽非常的難過，我也非常失望。

阿嬤的工作與回憶

阿嬤小時候讀完二年級後，就無法再讀書了，每天在家照顧年幼的弟妹，非常忙碌。長大後，阿嬤就開始上山採鳳梨和剪荔枝，她總是被蚊蟲叮咬，一次上山需要工作八個小時才能下山回家。當我還小的時候，阿嬤和我住在寶來，她揹著我工作，一邊賣雞排，一邊照顧我，非常累。阿嬤拿到薪水後，會幫我買各式各樣的生活用品。這幾年來，因為有阿嬤的照顧，我才能快快樂樂的成長，所以，我以後一定也[illegible]好好的孝順阿嬤阿[illegible]

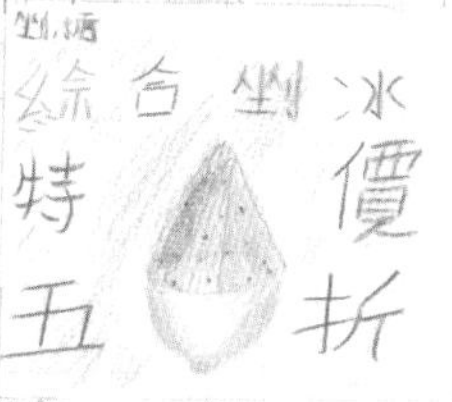

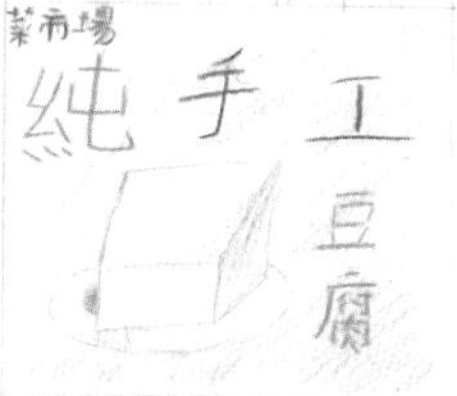

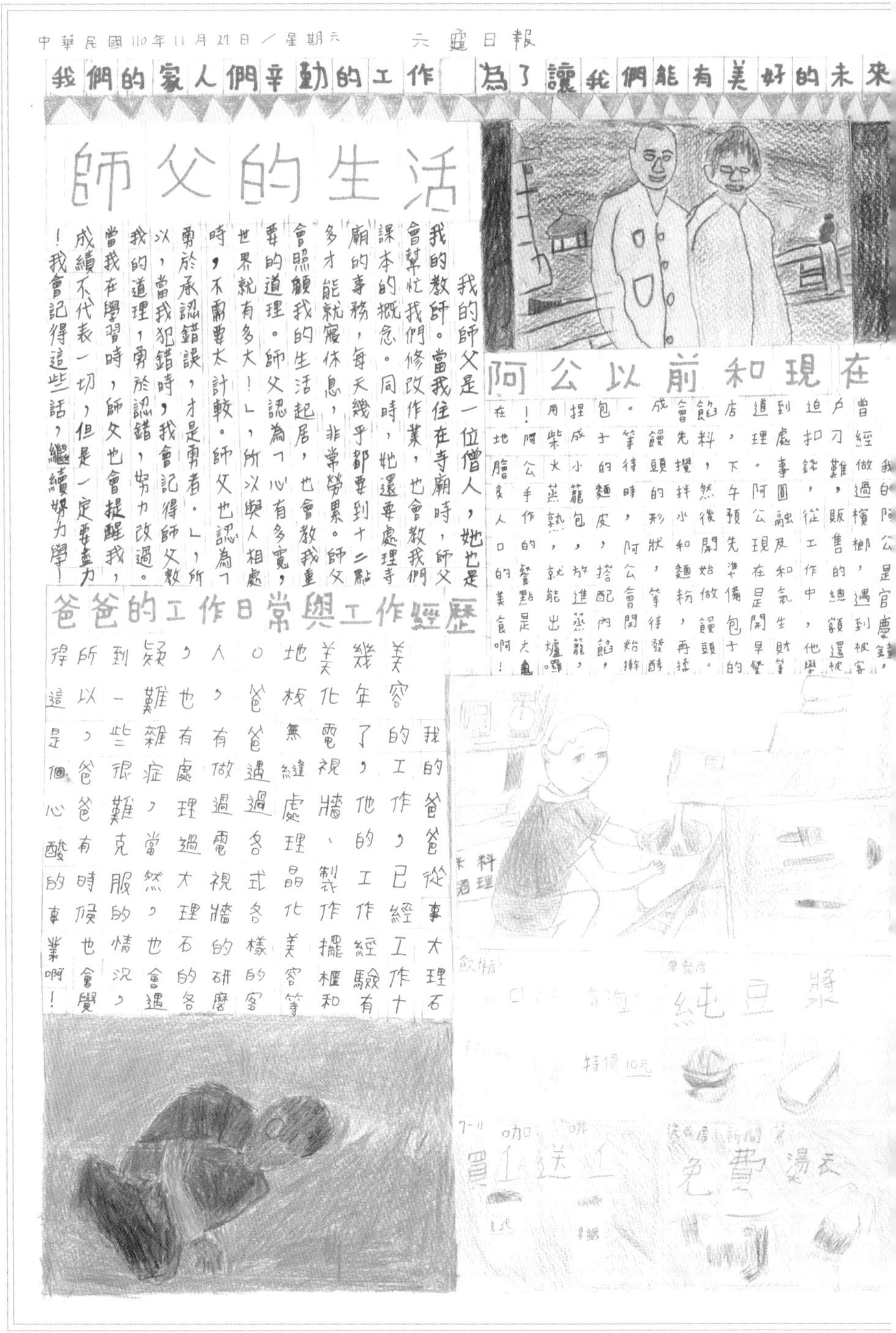

中華民國110年11月27日／星期六　六龜日報

我們的家人們辛勤的工作　為了讓我們能有美好的未來

師父的生活

我的師父是一位僧人，她也是我的教師。當我住在寺廟時，師父會幫忙我們修改作業，也會教我們課本的概念。同時，她還要處理寺廟的事務，每天幾乎都要到十二點多才能就寢休息，非常勞累。師父會照顧我的生活起居，也會教我重要的道理。師父認為「心有多寬，世界就有多大！」，所以與人相處時，不需要太計較。師父也認為「勇於承認錯誤，才是勇者。」，所以，當我犯錯時，我會記得師父教我的道理，勇於認錯，努力改過。當我在學習時，師父也會提醒我，成績不代表一切，但是一定要盡力！我會記得這些話，繼續努力學！

阿公以前和現在

我的阿公是官慶鐘，曾經做過檳榔，遇到被客戶刁難，販售的總額還被迫扣錢，從工作中，他學到處事圓融及和氣生財等道理。阿公現在是開早餐店，下午預先準備包子的餡料，然後開始做饅頭。會先攪拌水和麵粉，再揉成饅頭的形狀，等待發酵。等待時，阿公會開始擀包子的麵皮，搭配內餡，捏成小籠包，放進蒸籠，用柴火蒸熟，就能出爐囉！阿公手作的餐點是六龜在地膾炙人口的美食啊！

爸爸的工作日常與工作經歷

我的爸爸從事大理石美容的工作，已經工作十幾年了，他的工作經驗有美化電視牆、製作攏櫃和地板無縫處理、晶化美容等。爸爸遇過各式各樣的客人，有做過電視牆的研磨，也有處理過大理石的各種疑難雜症，當然，也會遇到一些很難克服的情況，所以，爸爸有時候也會覺得這是個心酸的事業啊！

■ 島記「偏鄉講堂」六龜國小六年一班學生共同創作家族報。（陳珮錡老師提供）

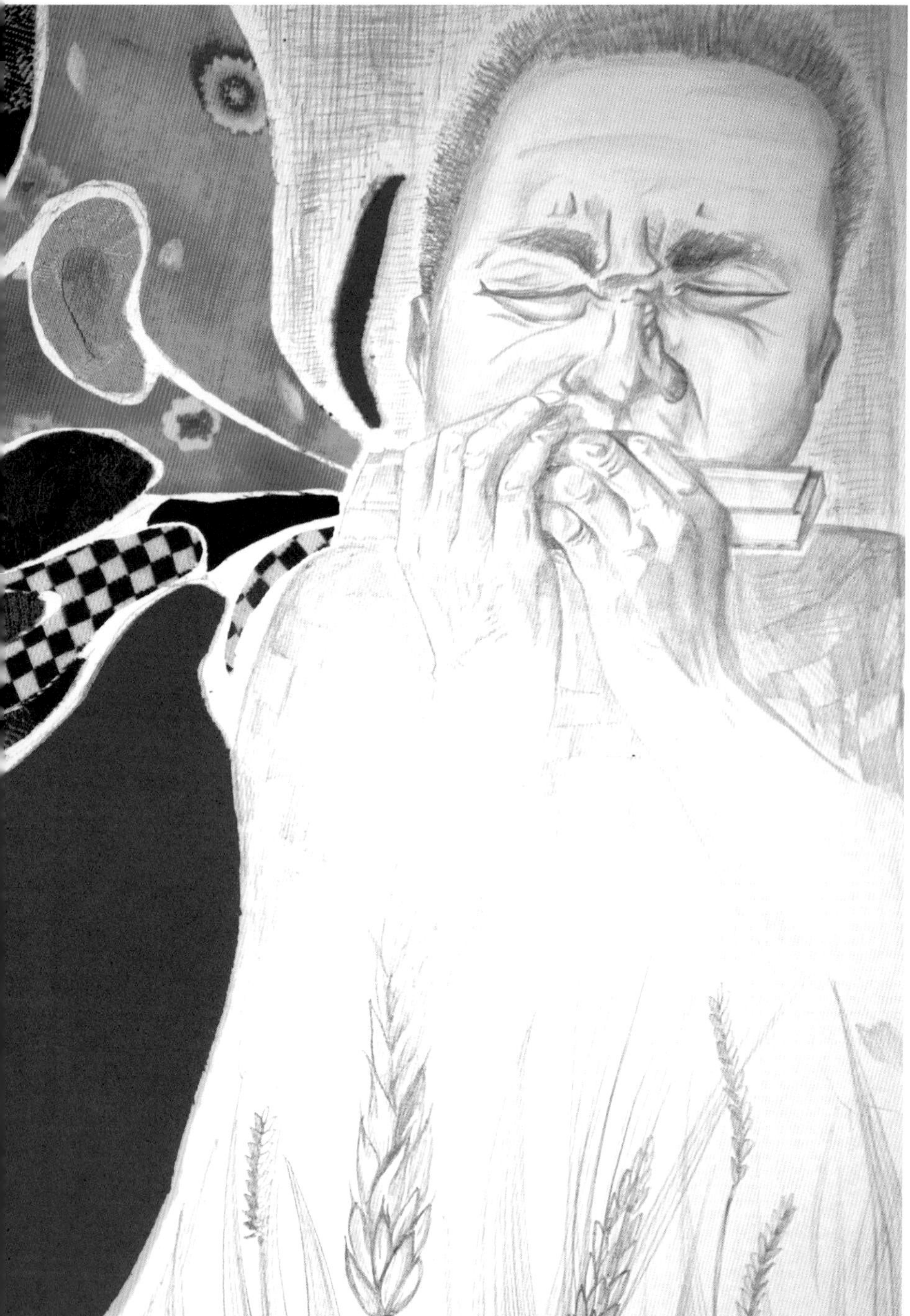

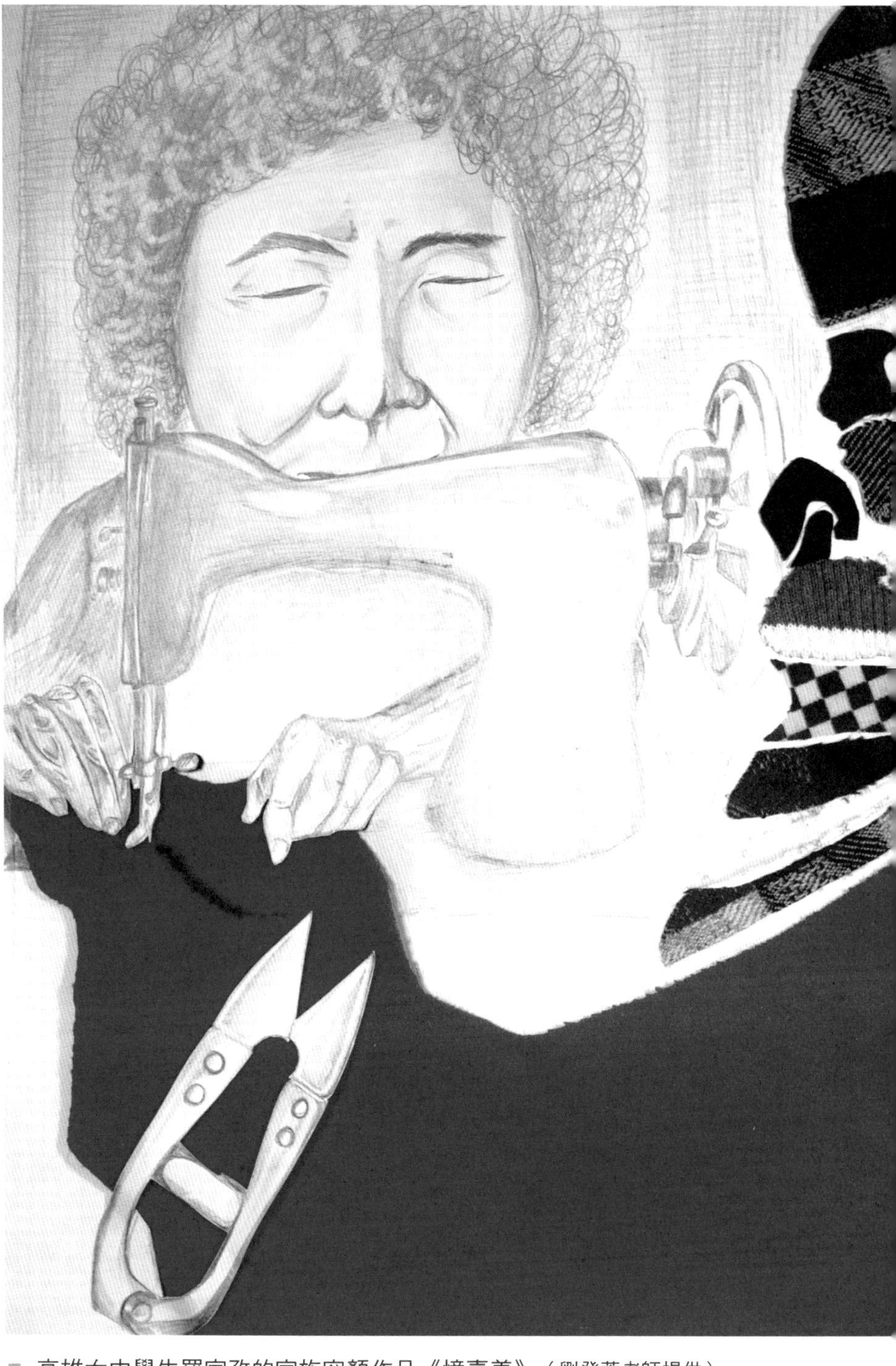

■ 高雄女中學生羅家孜的家族容顏作品《憶嘉義》（劉癸蓉老師提供）

憶嘉義——

溼熱的風吹過村莊，紗窗拉開是滿目翠綠的稻田，這，是我對童年的第一印象。

打一出生，我就被爸媽丟在嘉義的外婆家。外公外婆務農，總在太陽未升時出門，當外婆拎著我的早餐回家時，她的雙腳仍踩著沾了泥的雨鞋，佈滿皺紋的臉配著我最愛的油條香。我去過田裡幾次，但摘玉米、採大頭菜這些需要力氣的事，都是在長大之後才能做的，所以小時候我就只是蹲在水溝邊看他們巡田，貼著隔壁養鴨場的鐵網看能不能撿到鴨蛋，偶爾追追蝴蝶和小蟲子。每當隔壁田的農夫開著收割機採下大顆的馬鈴薯後，外婆就拉著我的手教我在別人田裡翻出小馬鈴薯，一邊替我把風看主人有沒有回來。除了辦桌團圓，餐桌上出現的都是田裡採的，皇帝豆、高麗菜、大頭菜、玉米、大蕃茄、胡蘿蔔、茄子等等，看在小時候的我眼裡，農田簡直是我們家的命脈，也因此對身為農民的外公外婆燃起一股敬意。

有些日子，他們不去巡田也不早起，可能是外婆牽著我去公園的老榕樹下和鄰居泡茶聊天，也可能是外公從牆壁裡拉出棋盤和我對弈，外公教我下圍棋（但我還是抓不到訣竅）、軍棋、暗棋、還有我最愛的五子棋，也可能外婆忙著補我的破褲子、冬天換季時想替我縫一件小外套，那麼那天，二樓的裁縫機便會匡瑯匡瑯響個不停。外公有個特殊才藝——吹口琴，我初嘗試吹口琴時，拿捏不了呼氣的力道，常吹得我滿臉通紅，外公吹起來卻一派輕鬆，音與音的轉換也絲毫沒有雜音，當不了樂手我便甘心當個好聽眾，窗外麻雀聚集在電線上唧喳，外公的口琴聲悠揚，我則臥在沙發裡享受這個下午。

長大後我回到高雄唸書，隨風搖曳的稻田成了絕景，匆匆忙忙的早餐取代了油條和豆漿的細細品嚐，偶爾看見一隻迷路的白鷺鷥飛在柏油路上，我的心彷彿也飛回了嘉義，飛進紗窗，去握著外公外婆的手說聲：你們過得好嗎？

Chapter 1

用記憶拼貼一座島嶼

採訪撰文　林怡君、林宜家　｜　受訪教師　劉癸蓉

■ 我們用藝術揮灑青春的心與情：劉癸蓉老師和參與〈TOUCH 斑城美展〉的學生合照。（劉癸蓉老師提供）

在美術教學中融入生命教育，一直是我的理想。

一開始進入高雄女中任教，跟孩子們聊天時我才發現，這些孩子壓力好大，內心也是不快樂的，跟我們想像中第一志願學生應該是集三千寵愛於一身，完全不一樣，這也讓我萌生將生命教育和藝術治療帶入課堂的念頭。

「姊姊太優秀，我在家就是個次等人。」「不能放鬆，差一點名次校排就會掉很多！」「媽媽說她拚死拚活工作都是為了我，所以我不能辜負她的辛苦。」「我好想休息……」「為什麼我很努力，他們眼中的我還是不夠好？」

各式各樣的不安與壓力，從學生們的口中說出，歸根究柢，不外乎父母家人的期許、同儕競爭、對自己高標準的要求等。回想自己的求學生涯也不是一路順遂，看著孩子們在這些曾經走過的老路上掙扎，除了同理，更多的是心疼。因此，我希望能在教學上找到適合的方法，協助孩子搭建一個橋梁，緩解內心的衝突和痛苦。

回顧青春期與父母之間的衝突，可能是因為年紀小還無法理解大人的心思，直到自己轉換角色才有所領悟。那些家人間不可理喻的固執，回頭來看都有讓人心軟的緣由；一直習以為常的安穩，其實都是家人付出努力的代價。

這樣的體悟讓我決定將原本學生抒發自我的作業「心事誰人知」帶入家庭，來個「父母心事誰人知」課程，建立一個了解彼此的管道。讓父母和子女之間有對話的可能，未料，這個小小的念想竟引發了超乎預期的迴響。

某位身為家庭主婦的媽媽，描述了一整天的瑣碎日常，旁人眼中看似簡單的生活，背後卻滿是無奈的心情，種種壓力最後化為一句「我只想做回自己」。

另一位身為職業婦女的母親，白天面對職場上的鉤心鬥角，晚上回到家看見家人癱在沙發上耍廢，自己仍有做不完的家事，無可奈何之下，只能唸《心經》來安穩焦躁的心情。

每日在外面辛苦勞動的父親，自認沒有什麼資源和背景，費盡力氣，只希望能栽培孩子取得高學歷，跳脫困境，卻一不小心讓期望變成了壓力。原本想為孩子打造一條寬廣的道路，卻成了令女兒窒息的原因。

每個人對家都有不同的詮釋，究竟父母的關心是愛還是傷害？該如何看待？身為一名教育工作者，我一直捫心自問：「美術課除了傳達美，還能做什麼？」讓這些念第一志願的孩子對家產生更多的情感連結，內心得到釋放，是我迫不及待想做的事。

因此，當慧齡導演提起要在臺灣推動「島嶼的集體記憶教學計畫」，想帶領孩子深入了解他們家人，為家族塑像，建立自我認同時，我幾乎沒有任何猶豫地一口答應。

回到初心的藝術課堂

某天課堂上，投影片出現兩幅世界名畫，分別是寫實派的〈戴珍珠耳環的少女〉與立體派〈哭泣的女人〉，我問臺下的學生們：「你們覺得哪幅作品最美呢？」

果不其然，七成的學生把票投給了〈戴珍珠耳環的少女〉。

「可是，這幅〈哭泣的女人〉是畫家畢卡索的名作，他跳脫傳統的美感經驗，創造出前無古人的藝術風格，超級珍貴的喔！」聽完解說，學生們這才一臉驚訝地欣賞起來。

我和孩子們說，每個人都是天生的藝術家，可以自由發揮想像，不需要被技巧給限制。不管是寫實派、野獸派、抽象派，只要你喜歡，甚至自己就可以是一個畫派。而一幅作品之所以動人，是因為背後蘊含的故事，以及創作者寄託的情感。你想用作品來說些什麼，才是繪畫時真正要在意的事。繪畫是每個人與生俱來的能力，也是最直接的記錄方式。雖然技法呈現有主觀上的差異，但真正能打動人心的是當中蘊含的情感。

做島記課程，第一步就是訪談。以訪談來蒐集長輩的人生閱歷，從中擷取出創作元素，再藉由藝術作品呈現他們的故事，以此傳承銘記。這是建構孩子與長輩之間溝通的橋梁，而創作肖像畫就是入口。

十六、七歲還處於半大不小的年紀，長輩的人生似乎與她們相隔太遙遠。但這是一堂很不一樣的美術課，不單是學生，甚至連家長都認真以待。我也特別設計了一份家族訪談單，提供孩子訪談的方向，讓踏出第一步變得更簡單。

仔細想想，每個人都知道自家長輩的模樣，但真的記得他們輪廓嗎？爺爺奶奶是圓眼還是鳳眼？鷹勾鼻或是扁平鼻？厚唇還是櫻桃小嘴？氣質溫文儒雅還是豪氣大方？透過訪談單一連串的提問，從家鄉所在延伸到喜好、興趣、工作、婚姻，讓孩子有了新的發現。

訪談後，有個孩子驚奇地說：「原來我祖先是清朝的武官！」

其他孩子也說：「原來我的外婆是在大海中長大的海女！」「原來我的爺爺去越南當過兵！」「原來我們家族的大眼睛是混血的證明。」還有孩子驕傲地說：「我的阿祖最酷，他是開火車的。」

有位學生在課後心得寫下：「我們不知道，不表示他不存在，而是我們不曾關心注意。」

從訪談中孩子領悟到大時代的無情戰火造就小家庭的多元交融；長輩務農的生活看起來艱辛，卻樸實得令人著迷。從此，歷史課本不再只是照本宣科，而是近在咫尺的家族故事，瞬間拉近了彼此之間的距離。

透過繪畫，學生開始認真地觀察那些刻畫在長輩身上的時代軌跡。他們從長輩的容顏開始，一筆一畫，單純專注地臨摹出經過歲月洗禮的模樣。

看著爺爺奶奶的人生，宛如置身在布滿文物典藏的時空長廊，他們的影像也在訪談中逐漸鮮明起來。但是回到課堂之後，該如何擷取元素，化繁為簡，成為一幅肖像畫，便是仰賴老師協助的時刻了。

把每一段人生縮影化成作品，說起來容易，實際上，為了從龐大的資訊中梳理出重點，就需要耗費時間與心力來進行對話。即使下課後，我的時間因此被學生要求個別談話給占滿了，我仍然甘之如飴。

每次受邀在演講場合分享島記課程時，有些老師會提出疑問：「如果遇到學生不願開口，老師該如何繼續進行呢？」

「用自己的生命故事做引導吧！」我總是如此回應：「我會先跟他們聊聊自己的經歷，孩子們的情感很直接，當他們感受到你的真誠，大多會願意敞開心胸，與你分享。」

有些老師也會問，為什麼雄女的島記課程能呈現這麼多細節？仔細想想，應該是我很注重「一對一陪伴」的關係，這點真的很重要。許多孩子在缺乏安全感的時候，是不願主動表露情緒的。但創作最珍貴之處在於作者投入的情感，所以引導時一定要有耐心，給予孩子們足夠的時間和空間。然後你會發現，或許深刻壓抑、或許樸實動人，或許趣味溫馨、或許賺人熱淚，那些想念、愉悅或遺憾不捨的情緒，終將隨著信任的累積一點一線地描繪成形。

當孩子的感性如洪水奔流，我會在關鍵點做引導，理性地協助他們梳理思緒，幫助孩子了解自己對這些故事內化的程度，也針對即將勾勒的畫面給予適當的建議。透過一次次的互動，畫面結構的安排、材料技法的選用，就會慢慢成形到位。

作品完成後的分享，是另一項關鍵。透過傾訴和交流，人與人之間的情感得以流

■ 身在何處，仍思思念念返鄉聽一句：「甲罷袜」——中山大學師培生黃亘翊送畫給親愛的爺爺。

通，甚至因此凝聚聽故事的人們。在這個過程裡，孩子們總是笑著笑著就哭了，哭著哭著又笑了。我們一起感受平常不輕易顯露的那一面，溫暖而療癒；此時，每個人才算真正被看見、被記憶、被傳承。

許多學生的家長也回饋道：「要不是因為有這項作業，我帶孩子回去找阿公阿媽，才知道父母親以前有這些故事，我還是頭一次聽見。」

肖像畫完成後，我鼓勵學生將作品親手贈給畫中的爺爺奶奶。一個小小的動作，創作的意涵也會完全不一樣，單純的學校作業，瞬間昇華成對長輩的濃厚心意。「要讓爺爺奶奶知道，自己在孫兒眼中是被珍視的瑰寶；他們的故事會被記下、會被流傳、會被放在心裡，這才是家族容顏這項作品最具價值和意義的部分。」我總是這麼告訴學生。

在一次島記分享中，有位老師問：「課堂上，如果遇到不想畫畫的孩子，怎麼處理呢？」我認為藝術呈現不應該只限於狹隘的美術，音樂、舞蹈、戲劇都可表達創作者的情感，同樣可以達成課程目標。

給孩子更寬廣的選擇，陪伴他完成想望的創作，常常會收到意想不到的迷人作品。田祈的奶奶在她很小的時候就離開人世，但她永遠記得住在山上的奶奶將她背在背上，讓她覺得安心的溫暖。因此，她發揮原住民的音樂天分，為逝去的奶奶做了一首〈vuvu 之歌〉。

vuvu 之歌　詞曲／田祈

還記得妳那溫暖的笑容　深深地刻印在我的腦海中
讓我不再害怕未來的路
無法忘懷妳背上的溫柔
在明亮的夜空下陪我漫步
有妳　再也沒有孤獨
在妳離開了以後　留下的只剩思念
在妳離開了以後　我學會如何想念

爺爺奶奶終將老去，記錄他們的人生，也喚起了我們要好好珍惜、陪伴家人的醒悟。無論用什麼方式記錄，我希望透過這堂課，讓曾經失去的不再只有遺憾。

註：「vuvu」為臺灣原住民排灣族語，在本文中意指祖父母輩。

對於教學，我期許自己是一個創意不斷的老師。藝術創作的本質就是一種創新，即使是相似的核心精神，遇上相異的課程領域，仍然可以玩出新的火花。但所謂的改變，不是憑空生出一個新的東西，而是跟著原有架構去延伸，於是雄女「家傳系列」島記課程就這樣開展了。

一般來說，視覺藝術普遍會安排靜物寫生的課程，訓練學生對形體的觀察和描繪的能力，這時巧妙地結合島記課程，可跳脫以往只用靜物練習的傳統教學。「家傳記憶物」課程讓孩子一面回家訪談爺爺奶奶，一面尋找家中特別的物品，可以是個人喜好的收藏，也可以是帶著家族紀念意義的舊物，再將它們描繪下來。不僅從中學習到美術技巧，也重新賦予這些事物新的傳承意義。

「家裡有沒有什麼神奇的寶物呢？」

「爺爺，你有收藏什麼有趣的東西嗎？」

「奶奶，你最珍愛的物品是什麼？」

在孩子們的主動探詢之下，打開了一件件寶物的記憶之門。

排灣族的江綺，一筆一筆地用手繪 vuvu 送她的家傳琉璃珠項鍊，作品取名〈無形的責任〉。創作理念寫著：「在別人眼中，它或許只是一條貴重的項鍊；但在我心中，它是無價之寶。這條項鍊是從外婆的祖先代代相傳才到我手上，每當我戴在胸前時，心中總有說不出的感動，彷彿祖先們就在旁邊輕聲細語，給我勇氣和力量來承擔這無形的責任。每顆琉璃珠分別有不同的涵義，就如同先人所保留給後代的智慧，經過時間的淬鍊，增添了神祕感。」

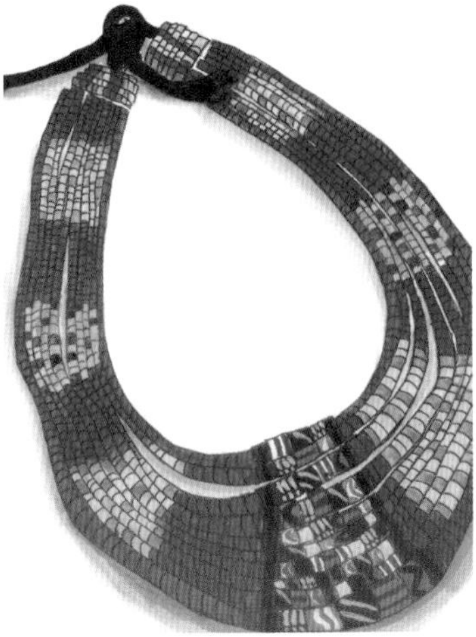

家傳記憶物──無形的責任，高雄女中江綺作品。（劉癸蓉老師提供）

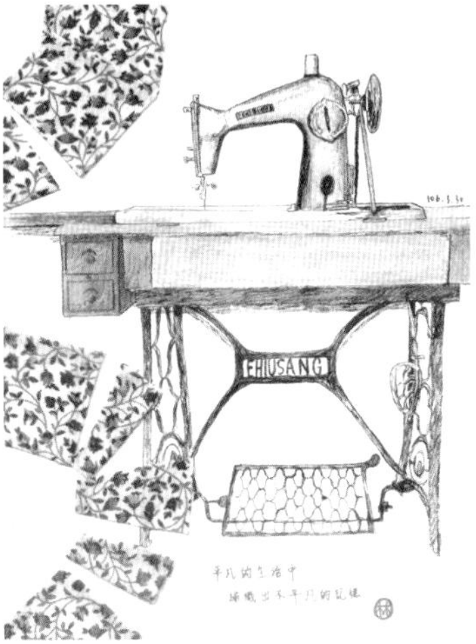

家傳記憶物──針線情，高雄女中許誼婕作品。（劉癸蓉老師提供）

課程的發想總在日常中浮現，某日，我正思考「藝術留存記憶的可能性」還有哪些發揮？忽然靈光一現，想到過年的時候，我們家的餐桌上都有一道家常菜「炸肉條」，這給了我一道提示：「每個人生命裡一定會有道難忘的菜，這種根深柢固的味道，不也是家族的記憶嗎？」

一般人其實不會特別留意，一道菜能引發的聯想不僅是味覺，還有嗅覺、視覺，複雜的感官結合，能讓記憶更鮮明地被保留。

「阿公，你最喜歡吃的一道菜是什麼？」

「阿媽，你最拿手的菜色是什麼？」

「以前阿祖煮的菜，你最想念的味道是什麼？」

學生訪問完八十幾歲的爺爺，畫出「阿祖的鹹菜蚵仔湯」，寫道：「我不知道阿祖鹹菜蚵仔湯的滋味，但是我知道爺爺思念媽媽的心情。」頓時令人覺得暖心。

有些長輩很可愛，在孩子的「逼問」下，還特別下廚重現菜色，讓他們拍照記錄。當然也會遇到年邁的爺爺奶奶只能口述烹調流程的情況，但這些過程都創造了祖孫交流的話題，也成了祖孫倆之間的小祕密。

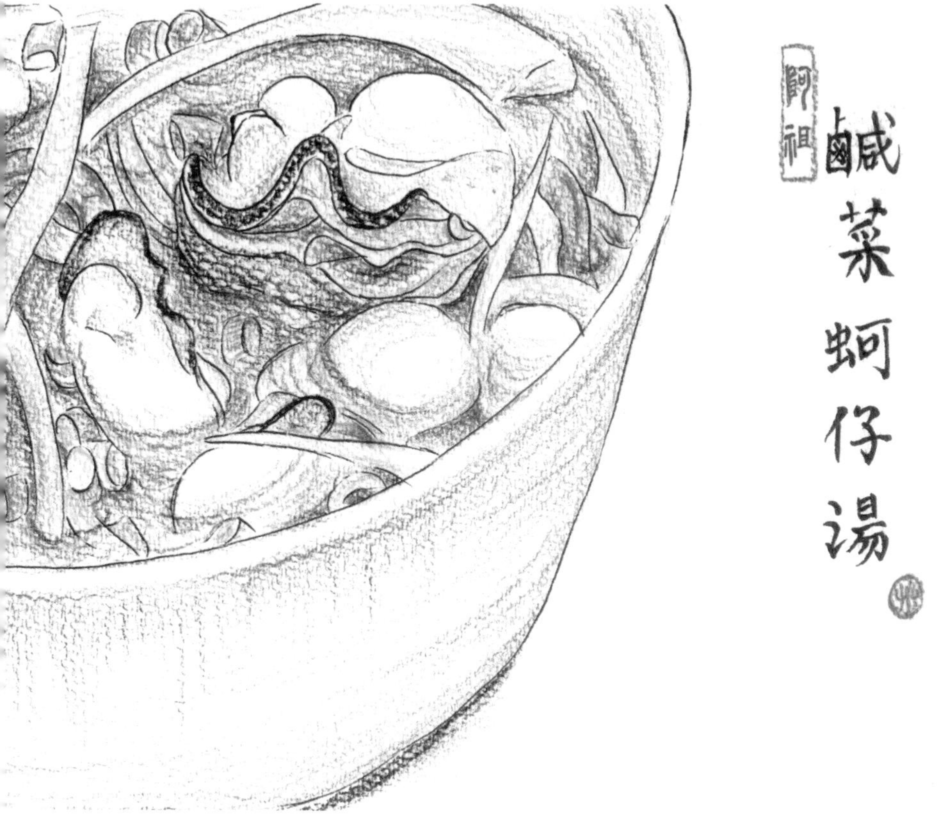

■ 家傳的味道—阿祖的鹹菜蚵仔湯，高雄女中莊品瑄作品。（劉癸蓉老師提供）

和藹可親的小昀奶奶成長於日治時期，一路看著臺灣社會隨著經濟發展改變，而她回憶童年時，只記得生活的艱辛。

早晨，當家家戶戶都還在睡夢中時，小昀奶奶與家人早已準備好載滿雜貨的小攤位，等待客人上門。一家人推著笨重的板車連夜趕路的畫面記憶猶新，而當時只知道日子過得再苦，還是要為了家人堅持下去。

「小時候哪有新衣服，我們都是穿用美國人進口的大麵粉袋縫的衣服，剩下的還可以做嬰兒尿布，洗一洗，乾很快！」

「以前的米很珍貴，我們都是吃番薯、番薯葉，裡面有蟲也只是洗洗而已，不可能像現在還會有剩飯。」

奶奶敘述的場景，是我們難以想像的時代縮影。科技創新、物質充足的生活確實帶給現代人許多方便，但反思這些進步是不是也在無形中讓我們流失了惜物的心情？

小喬說從她有記憶以來就沒看過外公發脾氣。有些重聽的外公，聽說年輕時在海軍基地負責聽取電報、截聽密碼的工作，感覺很厲害、很神祕。

外公的手很巧，年輕時在馬祖待過一段時間，因此學會了一手馬祖菜，還會自己釀酒。喜歡釣魚的他，還能自己裝修房子、釘酒櫃與天花板，退休後自己用壓克力做吊飾、模型，甚至舉辦展覽。

經過外公創意改造的小東西之中，小喬最愛不釋手的是一把會發出聲音的玩具小提琴，咿咿呀呀的，彷彿外公與她心有靈犀一般。

宣愛訪談爺爺後，以他的口吻描述國共內戰時期的大時代故事：「大陸被共產黨占領了，媽媽知道共產黨不好惹，所以叫我們去臺灣。」

「因為家裡沒有錢，三哥把自己賣給有錢人家，代替別人的兒子去當兵，換來約八百塊人民幣。他把錢送給媽媽後去上海打仗，一下子就被打死了。其他人只好挖個墳，把他埋了。」

兩年後，爺爺買了個大箱子到上海，準備去裝三哥的遺體。到了當地，他發現箱子不好用，又買了兩尺白布。找到三哥的墓後，他把遺體挖出來，白布綑一綑，背在背上，搬回了太湖。

三哥的遺體在土裡埋了兩年，肉都分解掉了，只剩下骨頭。一路上，爺爺就這樣扛著屍袋，睡覺時把它當成枕頭。

如今，爺爺已離開人世，宣愛希望能藉由記錄家族的過去，讓這些故事永遠流傳下去。

宣愛跟我聊起她的創作故事時，當下的震撼、難過，真的是無法用言語形容的。我可以想像，宣愛的爺爺當初是如何堅持在戰爭的混亂局勢下，儘管千里迢迢，也要將三哥的遺骨扛回家。這個堅毅的行動背後，有著讓人動容的深刻親情。

不只是學生，包括我自己，對於「國共內戰」這四個字從此有了不同的感受。那不只意味著政權之爭，更牽動了無數家庭的生離死別。

從一幅肖像畫開始，由爺爺奶奶的人生拓展至家族故事的傳承，再藉由一些珍藏的物件，延伸故事的觸角，「島嶼的集體記憶課程」想保留下來的，是更多庶民家族史。由個人到族群，由社會到國族，你會發現，記憶是如此的珍貴與美麗。

那一年的果貿社區

二〇一六年，全校三千多名師生暫時落腳在高雄中山國小舊址上課，打開了雄女

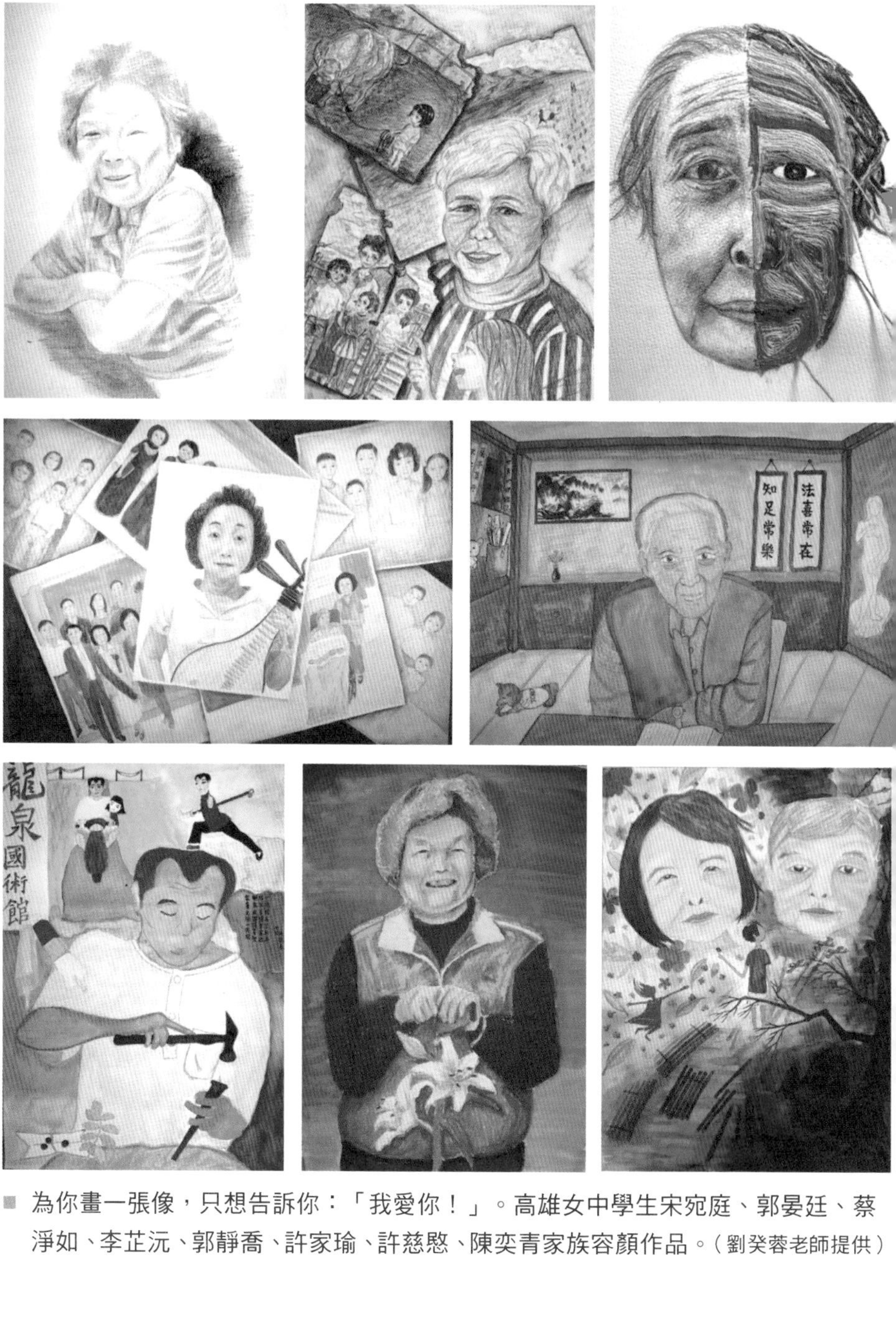

■ 為你畫一張像，只想告訴你：「我愛你！」。高雄女中學生宋宛庭、郭晏廷、蔡淨如、李芷沅、郭靜喬、許家瑜、許慈愍、陳奕青家族容顏作品。（劉癸蓉老師提供）

島記課程從家族走入社區的契機。

還沒遷校前，我就在思考這個難得的百年遷校可以為孩子留下什麼。恰巧，看到地圖上果貿老社區就在學校隔壁，決定帶著學生們走入社區，探訪他們的鄰居。那十個月，我帶領了將近一千個孩子、二十一個班級，走訪了六十多趟，只為了讓孩子們真實記錄沿途看到的人文風景。

眉宇間透露一股剛毅的爺爺，神態安詳地聊著自己的故事。生長在太平盛世的孩子們無法想像，爺爺是如何熬過從十三歲隨著軍隊撤退來臺，就再也沒有見過家鄉至親的心情。八十年的漫長歲月過去，喧囂的思念都已化為過去，留下的是難以

果貿祖孫情：即便沒有血緣關係，我們仍然要幫您留下獨有的生命故事。（劉癸蓉老師提供）

抹去的遺憾。

臨別前，看著罹患三種癌症的爺爺硬撐著身體，在門口揮手道別的身影，似懂非懂的孩子們默默在腦海裡記著爺爺殷切的叮嚀：「要當個好人，要做大事。」

每天在公園掃地的老伯伯，安靜地恍如落葉，直到那天，學生怯生生地上前詢問，能不能訪談他，並且替他畫一張畫。

「這輩子從來沒有人訪問我，為我照相、寫文章，還幫我畫像，只有你們為我做這些事。謝謝你們！這張畫我要掛在家裡，一天看三回。」

老伯伯喜悅的笑容，讓孩子們發現自己的美術作業竟然能在他人心裡有著這麼重的份量，也成了一段暖烘烘的生

■ 高雄女中學生訪談並贈畫給果貿社區的爺爺。（劉癸蓉老師提供）

命記憶。

二〇一七年，為了答謝社區的陪伴，雄女與勝利國小在果貿社區活動中心舉辦了聯展。展出當天，現場有琳琅滿目的寫生畫、熱鬧的傳統市集、黃昏公園中並排的輪椅、擺地攤的身影、閒適散步的老人家。許多爺爺奶奶都帶著家人親自到場，一幅幅的作品引起了里民們的共鳴，甚至還有年過百歲身體依舊硬朗的老奶奶推著菜籃車走進來，細心品味畫中鄰居的模樣。

除了靜態的作品欣賞，現場還有由學生與果貿社區奶奶跳土風舞的餘興節目，看到這幅和諧融合的景象，連奶奶們都笑著說，這是老少配的時代之舞。

相隔一甲子的兩代人，雖然有著不同的人生視野，卻能藉著記憶連結，讓長輩感受到自己存在的可貴。這座彷彿被時光遺忘的老社區，因著青春的氣息，更顯得生機盎然。

在同一座島嶼，交換彼此的故事

島記課程有個宗旨，就是希望學生能交換彼此的故事。平常在普通班級上課，學生只能在自己的班級分享，但一〇八新課綱鼓勵高中開設多元選修課程。這讓我能夠帶著學生實現跨科、跨縣市、跨校，甚至跨級的交流，簡直就是實現教學夢想的好機會。

我心想，沒有血緣關係的社區都可以做得這麼精彩，我們有沒有可能帶孩子去爬梳自己或是阿公阿媽、爸爸媽媽的家鄉呢？決定目標之後就是一連串的設計思考，要開設哪些課程？要跟哪些學校合作？想帶給孩子什麼樣的核心價值？

經過多方詢問，高雄偏鄉的那瑪夏國中與甲仙國小非常樂意與我們同行，「從你美麗的流域」課程於焉誕生。在中

雄女學生說：「當我看到那瑪夏的大山，一切壓力都消失了！」（王安民攝影、劉癸蓉老師提供）

山大學師培生的輔助之下，從國小學生到大學、研究生齊聚在那瑪夏國中，進行島記課程首次兩天一夜的大型師生共學。

那瑪夏位於曾被八八風災摧殘的村落，當學生實際走過那片斷垣殘壁，加上那瑪夏孩子的描述才明白，當自己埋怨沒有冷氣的時候，有另一群學生面臨的是生死交關的驚恐。

來自他鄉的學子脫離城市五光十色的夜晚，看見螢火蟲滿天飛的情境，這又是多麼令人難忘的風景。

「去看看其他地方孩子的生活，是最有力量的教育。」參與的老師悠悠地說著，臉上的表情是肯定與認同。

常年生活在都市的孩子，對於物質不虞匱乏的生活早已習以為常，當他們看見偏鄉的弟弟妹妹們，想將自己僅有的無私分享時，學會了知足。

兩天一夜的跨年齡、跨校交流課程結束之後，雄女的孩子學習動力激增百倍！當孩子明白自己為何而學、為誰而做時，不需要老師叮嚀和鞭策，他們自動自發地處理學伴、學弟妹來雄女參訪的事宜。

那天，滿滿的鹽埕美食，搭配運用科技訴說鹽埕故事。他們帶著來自山上的學弟學妹坐船遊愛河，逛駁二特區，讓偏鄉學伴身歷其境感受高雄之美。

一位中山大學師培生被課程啟發，說出了內心的感受：「我其實一直不確定自己未來是不是想當老師，但經過這次的課程，我更堅定要成為一名老師！老師們的身教與叮嚀就像隱形的翅膀，成為我不斷前進的力量。」

真實的交流，串起前所未有

■ 這堂課跨越一甲子年齡的世代同聚一起，只為讓爺爺奶奶知道他們是我們最可貴的珍寶。（方憶芝攝影、劉癸蓉老師提供）

的溫度與付出的渴望，讓這群學生開始走出自己的舒適圈。看見學生們的轉變，彷彿給所有參與的老師們打了一劑強心針，堅信自己的努力是值得的。

「從你美麗的流域」課程結束後獲得滿滿的迴響，雄女再度著手進行《牽手・學》計畫，由高雄女中、高雄市鳳林國中、高雄市甲仙國小及附設幼兒園、中山大學師培所一起參與。從幼兒園到大學研究生，橫跨幾十年的世代交流就此展開。

一百多位大大小小的孩子，分組分享自己的家族肖像畫與故事，身邊圍繞著不同年齡的學伴，還有特別邀請前來的阿公阿媽們。深秋的斜陽暖洋洋地映照在每個人的臉龐，大家靜靜地聆聽彼此。

活動中，我們賦予學生一個重要任務，就是各組都要完成一幅巨大的肖像畫，主角就是參與的爺爺奶奶們。孩子們知道任務艱辛，每個人都瞪大眼睛，聚精會神地聆聽爺爺奶奶說故事，深怕遺漏了什麼細節。

時間很快地到了動筆的時刻，這時居然不用老師插手，學生井井有條地分工創作，大孩子負責設計構圖、描製邊線，小小孩就負責大面積塗鴉，他們甚至為了趕時間，直接以手代筆，塗出了七彩繽紛的手掌。一邊觀看的長輩們一時興起，也捲起袖子幫忙，全場笑聲不斷。

我深深覺得，一〇八課綱提倡素養導向教學，絕對不是口號。在這堂課裡，我們看到生命影響生命的力量，學生不只學到繪圖技巧，也感受到人際溝通、攜手合作的美好。誰說年齡一定會造成代溝呢？當我們的目標一致，用故事牽起手來，「珍惜」且「連結」的島記精神，也由此展現了。

■ 不分年齡、級別，每個人都可說出動人的家族故事。（方憶芝攝影、劉癸蓉老師提供）

資培育之
師資素質計畫
素養導向課程
片活動計畫
018年12月25日（二）

五級跨校交流家族故事，在同一座島嶼，交換彼此的故事。

走出教室，深耕在地記憶

走過家族故事交流、社區關懷，也經歷過跨區域的家鄉探索，看著孩子們經過家鄉走讀後，對家鄉有了共榮共存的情感，這讓我腦中有了新的啟發。以往做社區關懷參訪，礙於果貿社區只是暫居所，無法長期經營社區記憶。我開始思考如何在多元選修，做出五年長期計畫，執行深耕社區記憶課程，讓每一屆的學生都可以為社區積累不凡的在地記憶。

綜合家鄉走讀的模式，以社區關懷的精神和運用五感創作的經驗，社區記憶系列課程「老鹽埕的記憶之味」就此誕生了。前期計畫是五個學期內完成書寫三十間擁有五十年以上歷史的店家故事。

鹽埕區是高雄發展最久遠的區域，與雄女校園只隔著一條愛河的距離，學生對它卻所知甚少。高雄市區大概只剩這裡存留最多間五十年歷史老店，從遺留下來的復古建築仍可一窺曾有的繁華。蜿蜒的小巷隱身在樓房之中，靜默地見證著舊日時光，以及三代迭宕起伏的興衰。

當越來越多老店家被學生挖掘出來，大家都深感訝異，原來歷史就存在我們身旁。

或許是每天經過的小攤車、市場角落的手工繡花鞋坊、隱身騎樓的補繡攤、駁二倉庫旁的繩索行、有七十年歲月的市場肉攤、乘載信仰的代天宮、紅極一時的雞蛋酥店……雄女學生訪談了三十一家老店。回到教室後，學生們一方面整理訪談素材，一方面回想當下蒐集到五感的印象：老闆的大嗓門、饅頭出籠的麵粉香、旗袍布料

■ 雄女學生以郭家肉粽第一代老闆的攤車為創作靈感，並將作品送給郭老闆，為已熄燈號的郭家肉粽留下美麗的句點。（劉癸蓉老師提供）

的精緻華美、船具鋼索的冰冷沉重、旗鼓餅的酥軟滋味。這些充滿感官刺激的素材，如果只留在雄女不免可惜，於是我們與臺南女中的最新科技「電子鼻」課程合作，臺南女中用電子鼻剖析老店家的氣味組成數據，而高雄女中的孩子則負責說出氣味的故事，讓人文與科技之間有了美麗的火花。

成果發表時，蒸籠行的時光膠囊、古早味的肉粽小推車、迷你的鹽埕市場肉攤、百年中藥鋪、懷舊的鈕釦行，所有的藝術創作都引起同學們驚呼連連。看著學生們從無到有蒐集店家故事與創作，原來是如此讓人熱血沸騰的過程。

這十多年來，雄女陸續發展出三十幾種島記主題課程，由家族、社區、家鄉到土地，成為島記執行的開路先鋒。幸運的是，這些不斷積累的努力，受到當時高雄女中黃秀霞校長與家長會的支持，在二〇一九年出版了一本雄女學生的島記作品集《用記憶拼貼一座島嶼》，其中收藏了許多動人的記憶與教學歷程，當然也保存了學生珍貴的創作。

有人問我，為什麼能持續不斷地堅持做島記課程？我一時回答不上來。因為我並沒有立下宏大的目標，也沒有一定要完成什麼。如果真要追溯動力來源，那就是陪伴

偏鄉講堂在瑞濱國小，暖冬曬爺爺奶奶畫像。（瑞濱國小提供）

偏鄉學校的孩子時，他們常用力且真情流露地擁抱我。同樣地，教師群共備出美好課程的歡呼聲，工作坊的學員聊著自己的至親時潸然淚下、親子分享時彼此對望的溫馨畫面，令人動容。引領長輩畫出自己生命故事時，爺爺奶奶牽著我的手說著七、八十年的過往，常讓我眼眶含著淚水，充滿心疼與不捨。想想，也許這些人眼中的光芒就是我的動力來源吧！

我一直做，一直感動，然後就走到了現在。聽故事的人是幸福的，帶著孩子上山下海實踐課程，在全國各地分享自己的教學理念，為島嶼留下一些足跡，讓孩子與學員的人生不留下遺憾，大概就是我給自己的使命吧！

想到這裡，我忍不住想說一句：「教書，真的是最幸福的行業了！」

高雄女中島記課程紀錄片《您的記憶，我的故事》導演：王安民

《埕人・記憶——鹽埕的集體記憶》導演：立足城市影像工作室——洪立

高雄女中學生田祈與母親何鳳美共同演唱自創曲《vuvu 之歌》

Chapter 2

感受幸福的故事力

採訪撰文　李思瑩　｜　受訪師長　顏永進、黃雅盈、林幸宜、陳玟伶
受訪學生　賴冠羽

勝利團隊合照，手中為特殊學生所繪的爺爺奶奶肖像畫作品。（李思瑩老師提供）

二〇二三年二月，冬日暖陽下，高雄市左營區勝利國小的遊戲器材區傳出陣陣歡笑聲，這個聲音不是來自小朋友，而是島記團隊為了拍攝大合照，齊聚一堂。不管是退休或調校的師長們都回來了，我們坐在溜鞦韆上，拿著學生的爺爺奶奶肖像畫，笑得好燦爛。

這一幕也是勝利國小校風的縮影，同事間相處和樂，老師們用心設計課程、陪伴孩子，行政也全力支持。學校給予老師最大的自由，想做什麼課程都能找到夥伴和資源，自主、自在地發展出一個又一個的特色課程。

勝利國小是第一個進行島記課程的小學，有十二位夥伴一起跨領域共同備課。許多夥伴聽到都覺得不可思議：「在自己學校裡能找到一位夥伴願意一起做課程就很不容易，勝利國小居然有十二位！如此夢幻的教學團隊究竟是怎麼形成的呢？」

總是滿臉笑容的顏永進校長一派輕鬆地說：「島記就是帶著孩子在自我探索的旅程裡挖掘故事，找到後就知道我是誰。這個建構工程裡的原料和施工都是由孩子自己尋找，自己動手，蓋出來的房子各有特色，如百花盛開。做島記課程最受益的是誰？是孩子，所以我一定全力支持呀！」

無心插柳的教育工程

二〇一五年十二月二十三日，我舉辦了第一場島記教育推廣研習。

在這之前，玟伶老師已組了「跨界閱讀」校內教師社群，每位夥伴都要負責一次分享，剛好這時島記發起人慧齡導演回臺灣，我邀請她來和大家聊聊島記理念，並且現場播放電影《給阿媽的一封信》二十分鐘精華版。

那是只有十一個人參加的溫馨聚會，為了提高參與意願，我以「法式野餐」為概念，自掏腰包準備許多茶點，讓大家盡情享受輕鬆的午後時光。當時只是本著把好東西介紹給好朋友的心理，完全沒想到未來會組成教學團隊，大家一起做課程，甚至舉辦教育推廣研習。我主動邀約有動能的老師參加，大家在臉書分享心得，好評不斷，加場再加場。

勝利國小夥伴是我推動島記最堅強的後盾。這幾場教師研習，我以「幸福小酒館」為概念規劃教師研習，鴻彰老師用炭火長時間燉煮海尼根風味豬腳，如怡老師從勝利耕心園現摘香草泡茶，榮山老師和銘賞老師搬來許多燈光將教室打造成劇場，甚至在天花板投影一片櫻花樹，令與會老師們嘖嘖稱奇：「從沒參加過這樣高質感的研習！」

舉辦島記教育推廣研習變成了我的興趣，我開始沒有假日的生活。就在八個月辦了七場研習感到身心疲乏的時候，玟伶老師協助申請到國教輔導團的經費支持，恰巧時任課程督學俞雲校長負責這筆經費，她出席我們舉辦的研習後深受感動，帶領更多人才及資源加入。我們組成了島記核心團隊，一步一腳印地努力擴展到全臺灣。推廣七年多以來，累積了兩百八十場島記研習，參與研習的老師超過上千人次，且不斷回流，全臺有一百四十三校進行島記課程。

萬事起頭難，由於島記國小課程和推廣研習無前例可循，我同時有資源班老師的工作，在進行過程中經歷了出錯、跌倒、崩潰，爬起來後擦乾眼淚繼續走的路程，度過了無數次加班後含著眼淚騎車回家的夜晚，而且永遠睡不飽。幸好有夥伴們陪著我，在一次又一次的討論中，我們建立起革命情感。最重要的是，大家會幫助我踩煞車，避免衝太快又完美主義的我，因為過度認真投入，看不到沿路風景的美好，也忽略了彼此都需要喘口氣的空間。

漸漸地，越來越多老師投入設計島記課程，追尋島嶼記憶成為眾人的共同心願。當一個人的孤單變一群人的陪伴，我想是島記可以一直往前走的原因。

「不老的回憶——溫煦的風景」跨領域課程

勝利國小夥伴們在二〇一六年六月組成校內共備社群，一起討論屬於我們的島記課程。最後，以家族及社區為脈絡發想，希望能引導孩子們說出自己家族及社區的故事。

我們花了一個半學期的時間，針對全六年級兩百七十多位普通班及資源班的學生進行課程，結合國語、視覺藝術、聽覺藝術、表演藝術、綜合、資訊、社會技巧等領域，與民間友人（如：叁捌地方生活、打狗聚落、交心廚房、安珂銀飾），一起進行課程推廣。從孩子們訪談、替爺爺奶奶畫肖像開始，到製作銀飾、家傳菜烹調、攝影剪接、社區採訪、製作小書、成果發表、展覽等，我們就像跑接力賽一樣，一棒又一棒地傳下去。

果貿社區是高雄市最老的國宅，由眷村改建，近二十層樓高的環狀建築非常有特色，許多人會來這裡拍照、吃傳統美食，是網美拍照聖地。這裡也是個老化的社區，年輕人出走之後，留下高齡的阿公阿媽獨守家園。

我們將普通班和資源班孩子分成七組，讓孩子們利用週末尋找願意接受採訪的店家。果貿社區有許多名店，孩子在不斷被拒絕後，各出奇招，結果找到令老師們意想不到的店家。

孩子說：「議員要做選民服務，一定不會拒絕我們。」詢問後對方真的同意受訪。曾經歷日本統治時期的議員母親也加入了受訪的行列。

採訪當天，議員母親用臺語說，日本人走路都整整齊齊，以前臺灣人遇到日本人就要敬禮，經常一直敬、一直敬。

孩子傻眼地問：「這樣不會很累嗎？」

另一組孩子則找到老張山東包子饅頭店願意受訪，但查到網路評論清一色是「老闆臉很臭、不理人」。

學生擔心，採訪時老師只會幫忙側拍、錄影，一切得靠自己，萬一老闆整整一小時都不理我們怎麼辦？「啊，有了！我們每個禮拜都去買饅頭，買到和老闆變好朋友！」

老闆接受採訪時侃侃而談，說到當時眷村改建就要全部拆掉的往事。

同學問：「會對那個地方捨不得嗎？有做什麼紀念嗎？」

老闆說：「當然捨不得，但記憶全部都在腦子裡，怎麼樣都忘不了、抹滅不了。」

原來老闆這麼親切，人生經歷如此豐富，還當過船員呢！

除此之外，還有 LOVE 飲料店、甄記麵食、宜潔乾洗衣店、金黛精品服飾、狀元書局等接受訪談。每位老闆都非常有耐心，知無不言，相談甚歡，孩子說一小時的採訪時間根本不夠用，還有好多事想繼續聊呢！

最後，孩子們送上精心準備的小禮物，有自製的吸管名片架、一整排的養樂多，甚至就在議員服務處外的人行道上獻跳一首韓國女團熱舞。學生們都玩得很開心，忘記這其實是一堂課。

島記的意義：抵抗遺忘

推廣島記的困難是，想做的事太多，而時間太少。

原以為導師任課多，可以有餘裕慢慢進行課程，但即使利用國語和綜合課，因為還有其他課程、活動及事務要處理，只能趕趕趕。更不用說視覺藝術課每週只有一節課，雖然爺奶肖像畫課程已經延長到六到八週，比別的單元多，一個班近三十位孩子，想要和他們一一面談，討論故事和畫面構成，就算利用午休時間，還是無法每位都談到，非常可惜。

我們只能不斷地取捨，在夢想和現實中拔河。

雅盈老師說：「因為是第一次做島記課程，不知道自己能不能做出情感面的課程，還是只流於形式？可以帶給孩子什麼？當時會比較執著，擔心孩子學不到東西，有沒有達到我們想要的效果呢？現在回頭看，也許我們可以慢慢放寬心來。老師創造機會，帶著孩子去體驗，會得到什麼成果，需要時間沉澱。我覺得不用太執著於我們做的課程到底有沒有成效，時間會慢慢證明一切，不用給自己太大的壓力。」

訪談是島記很重要的核心精神，我在幸福教室特殊需求領域——社會技巧課進行時，先不教任何訪談技巧，讓孩子嘗試去問問親近的家人一些簡單的問題後，再回課堂討論訪談時遇到的困難，大家一起思考如何解決。他們遇到的困難包括：找不到適當時間、家人沒空、受訪者只回答不知道、聽到問愛情故事時害羞地不敢回答、覺得自己沒有故事等。

為了解決以上問題，不同組的孩子都提到類似概念，其中一個孩子提出「聊進法」，先從對方感興趣的話題聊起，等他卸下心防後再進一步追問關鍵問題，真是太聰明啦！

導師雅盈則利用國語課本中相關文章，引導孩子從觀察描述、感受想法到提問，並且利用「家族尋寶記——阿公阿嬤訪談學習單」採訪並記錄家中長輩的故事。

我們期待透過有品質的聊天，讓孩子找尋自己的家族故事，學會好好聆聽別人說話，問個好問題的技巧，建立良好的人際互動經驗。視覺藝術老師幸宜再接著引導孩子將談話化為獨一無二的肖像畫，讓長輩的生命故事躍然紙上。

終於，到了爺爺奶奶肖像畫作品發表的這一天。

黃邦齊同學畫的阿公有著粗眉、黑鼻、頭上十根毛，襯著螢光粉紅色的背景，格外討喜。孩子對著鏡頭，用輕鬆的語氣緩緩說道：「在上上禮拜，我阿公騎車到左營，結果忘記回家的路怎麼走……。」

吳宜婷同學對著天上的阿公說：「我想幫你分擔你的那些痛苦，我想要你陪我久一點；我希望你不要離開我們，我真的很想你……。」

在旁邊看著宜婷淚崩的賴冠羽同學，哽咽地說出：「我們應該多珍惜身邊的人事物，才不會在失去家人之後感到感傷，對他的事情也一頭霧水。」

五年後，因為島記繪本《阿媽，你去哪裡了？》，我邀請宜婷回來聊聊阿公的故事。一開始她說都忘記了，幸好舅舅在旁引導，她開始回想起阿公常說的話；阿公和阿媽感情很好，即使白髮蒼蒼仍手牽著手散步。

人的記憶有限，終有一天會遺忘。如同慧齡導演所說的：「用藝術抵抗遺忘」，讓我們用島記創作課程，留住回憶。

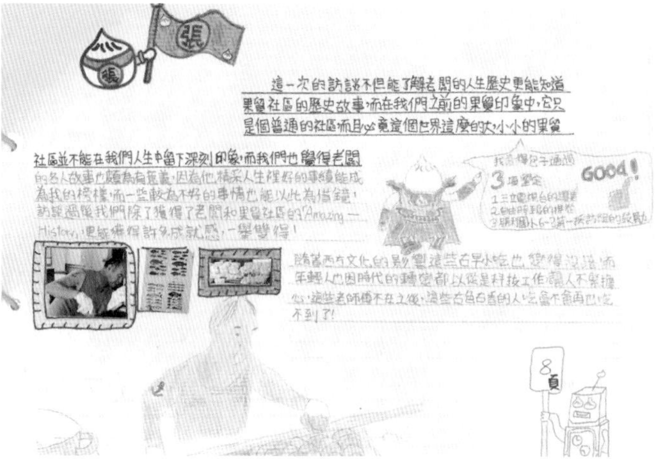

■ 孩子分組訪談社區店家後做成小書，精心設計包子公仔，童言童語令人莞爾。作者：黃以自、林俊辰、陳均睿、詹秉叡、賴劭岷。（黃雅盈老師提供）

■ 勝利國小林佳偉同學從阿公的田挖來泥土，重現阿公在土地上種出來的溫柔；陽光照耀在阿公臉上，是閃亮亮的金黃色。（李思瑩老師提供）

有次和癸蓉老師聊天時偶然發現，勝利國小和高雄女中在同一時間都做了果貿社區課程，決定兩校一起合作《不老×初心=果貿相遇》聯展，這也是島記的第一屆年會。

雄女樂隊氣勢如虹的奏樂聲在果貿社區迴盪，雄女空手道社揮出最有力的招式。當鄧雨賢老師創作的〈四季紅〉響起，果貿社區卡拉OK社和土風舞社的爺爺奶奶們，跟雄女合唱團、勝利國小的孩子們一起唱歌、跳舞。此外，勝利國小顏永進校長還當場揮毫。

勝利國小退休的呂愛珠老師說：「看到孩子們練得很愉快，我們也變得老小老小了。」

這不是正式的展場，沒有美美的燈光和軌道可以掛畫，因此我們借來許多展板，用夾子和線將畫從空中垂吊，在絨布窗簾上掛滿孩子們的作品。最讓我印象深刻的是在熱鬧滾滾的開幕式結束後，一位優雅的老奶奶慢慢地走了進會場。她的毛帽、外套，甚至菜籃車都是桃紅色的。這位時尚奶奶仔細地觀看著孩子的作品，映入眼簾的是她最熟悉的社區景物，像是早餐店、隔壁的王爺爺……這一幅一幅的畫對她來說又遠又近。看到這些鄰居竟然都成了模特兒，奶奶笑得很開心，也要我們幫她拍張照。

猜猜看這位奶奶幾歲？她，九十一歲。

這就是為什麼我們選在社區活動中心辦展覽的原因。希望行動不便的老人家們，都可以看到自己生活的社區有多麼美好。這個活動中心是長輩的日常，他們在這裡量血壓、打桌球或唱歌、跳舞，與孩子們創作的果貿風景自然融為一體。

幸宜老師說這個展覽很不一樣，孩子們特地邀請爸爸媽媽、爺爺奶奶前來，過程中孩子們也好奇其他同學的創作，彼此欣賞、互相討論。我們最在意的不是技巧好壞或畫得像不像，而是孩子們用心去了解主人公們背後的故事。人與人之間的自然交流，也交織成一道美麗的風景。

時光流轉，時間來到二〇二三年二月。

身高從一百六十公分抽高到一百八十五公分的賴冠羽同學依然爽朗、樂觀。回想六年前的他撿著不小心掉落的銀飾，一邊介紹：「我阿媽從小的志願就是當農夫，所以我做了一個鋤頭給她，下面寫著我的名字，瞭嗎？」

■ 時尚的91歲韓奶奶，從帽子到菜籃車都是桃紅色的。（李思瑩老師提供）

目前就讀高雄高工圖文傳播系高三的冠羽，聊起島記對他的影響：「小學六年級那年，我畫了阿媽的肖像畫，還用銀黏土做了一個鋤頭送給她。我的作品被掛在表演教室裡，那是我第一次參加畫展。校慶那天，阿媽特地從苗栗來到高雄看展，我們走進教室，阿媽說：『冠羽，這是你畫的嗎？我好開心喔！』阿媽燦爛的笑容，我到現在都還記得。訪問完後我想要多關心阿媽，體諒她，好好對待她。她老了，行動不便，那時候只能口頭擔心她，基本上都是父母在照顧，就算和她說上幾句話也好，希望她身體健康。」

冠羽同學的阿媽，幾年前過世了。

身為老師我看到：島記讓孩子的心變得柔軟了。冠羽同學說：「幾十年前的臺灣經濟狀況不好，民眾需要付出比我們現在多倍的努力，才能獲得幸福。我們的幸福是上一代人用血汗去努力所獲得的，我不能體驗到他們的痛苦，但我想要緊緊抓住這份幸福，記住這些發生過的事情，讓幸福繼續傳承下去。」

我常覺得，教導孩子同理心是最重要也最困難的課程。我所教的特殊需求孩子因為和別人太不一樣，經常受到霸凌、排擠。我們總教導特殊孩子調整自己的行為和想法來適應這個社會，也常常教普通班孩子要接納、包容與自己不同的人。但孩子們常是頭腦知道，心卻不知道，當事情發生時，要做到同理心真的太難、太難了！孩子們打開電視，看到的是名嘴示範如何言語霸凌別人，社會上充斥著許多仇恨、對立；這些無感世代的孩子，不僅對別人沒有感覺，對自己也是一樣。

透過島記課程的訪談，我讓孩子們認真傾聽彼此的故事和想法，理解背後的思考脈絡，為什麼他今天會是這樣？為什麼他會做出這樣的選擇？原來是受到過去的經驗影響，了解之後就能有更多的尊重與包容。

雅盈老師說：「畢竟導師需要要求孩子一些事，透過島記課程，我看到很多孩子不同的樣貌，有比較多機會發現孩子的不同面向，對學生有了更多的包容。其實很多時候，不一定要把所有重心放在我們認為重要的科目上，也許把人生軸拉長來看，這些一點都不重要。很多孩子到頭來真正有感的，並不是國語、數學這些科目。其實，任何東西都可能留下記憶，我們不必事先為他們預想哪些東西是最重要的。」

世雄老師則說：「因為島記，讓我學會疼惜；因為島記，讓我學會寬容。島記，正在不斷堆疊這座島嶼的厚度！」

玟伶老師說：「島記創造了一種認同。我們這群人認同這樣的想法，不是由上而下的行政命令或者是交辦事項，而是發自內心覺得重要、從中得到成就感跟樂趣的課程。」

比起從前，我更有勇氣展開島記課程了。二〇二二年，我帶著高年級幸福教室孩子，創作屬於他們的爺爺奶奶肖像畫。非美術專長的我想盡辦法引導孩子，讓他們在找尋故事的過程與創作中獲得自信。

一位經常抱怨家人的女孩，參與完島記課程後寫著：「我覺得我應該要更努力去喜歡家人、接受家人、照顧家人。」

父母相親相愛、兄友弟恭，一家和樂融融，是課本上的模範家庭寫照。現實生活中有多少家庭能擁有這樣的美好？有多少孩子處在家庭風暴中，經常擔心、害怕、焦慮，深感無力，卻又無處可說？

透過孩子們的分享，不僅有幸福溫暖的一面，也有各種現實的殘酷。當孩子看到生命和家庭的不同樣態，了解他人也有各式各樣的酸甜苦辣，或許心頭的結就能鬆開了。

這些年我一直在學習薩提爾心理學，原來我們在生命中遇到各種關卡，回溯之後才發現來自於原生家庭的經驗；可能是五歲時在大賣場被大人給遺忘了，或處在父母長期失和的不安全感陰影下，帶著傷長大。這也影響到各種人際關係的互動，讓我們不相信自己值得被愛，值得擁有更好的生活。

意識到這一點時，學員們在工作坊中嚎啕大哭，得花好久的時間才能和自己或家人和解。

但是，島記創造了一個機會，讓孩子有機會了解自己的原生家庭，好好地和家人聊一聊，他們在成為爺爺、奶奶、爸爸、媽媽的角色之前，曾經歷些什麼？讓孩子開始試著理解家人，踏出和解的第一步。

二〇二二年，我參加叁捌地方生活舉辦的島記工作坊，由雄女的癸蓉老師引導大家創作外婆的肖像畫。由於國立臺灣歷史博物館「時空旅行社——國家文化記憶庫2.0線上策展平臺」邀稿，我寫下了《島嶼的集體記憶在我家——磨出來的人生》。

二〇二三年過年，我帶著肖像畫回到彰化外婆家，用很破很破的臺語，唸我寫的故事給她聽：「我的外婆出生於民國十八年，今年九十五歲，記性很好，很溫柔，刻苦耐勞。外婆小時候被送去當養女，家裡很窮，只能做泥娃娃來玩。十歲時她無法去上學，每天去拔甘蔗草，工資是十元。她經歷了兩場戰爭，在防空洞躲飛機轟炸是日常，只能吃番薯和番薯葉。」

「二十歲時她回到生父母家，憑著媒妁之言踏入婚姻，成為大花轎上的新娘。婚後，她和外公在花壇火車站前最熱鬧的街上開了一家早餐店，每天凌晨起床工作。在沒有豆漿機的年代，他們用石頭一點一滴磨出豆漿、米漿，純手工揉出包子、饅頭。外婆還研發出大頭菜菜包，以粗糠燒柴蒸著，口味獨特、香氣四溢，是當時街坊有名的早餐。就

■ 思瑩送畫給外婆。圖左至右：外婆、媽媽、思瑩 。

這樣，她和外公努力打拚，養活一家八口，還買了三分田地和一百多坪的菜園。

「隨著臺灣經濟起飛，小小的拖鞋承載了花壇鄉民的期待，外公也懷抱著夢想，在民國六十四年經營起外銷拖鞋工廠——東峯企業社，一家人都投入工廠的經營。」

「每天，百坪工廠內會傳出各種機器聲、車縫聲，此起彼落，像是演奏一首交響樂，曲名為〈臺灣錢淹腳目〉。工廠內瀰漫著一股橡膠、黏膠、皮革的味道和趕訂單的緊張氣氛。外婆負責煮所有工人的三餐，拿鍋鏟的手不曾停下來。」

後來政府開放中國設廠，產業外移造成低價競爭，臺灣工廠被跑單，收不到貨款。外公把田地一一賣掉，用來支付員工薪水，最後不得不賣出工廠，全家人又回到原先的起點，再次賣起包子和饅頭。」

外婆邊聽邊補充：「不是二十歲，是十八歲從養母那裡回生母家喔！你怎麼都知道這些事？」

「我之前有訪問妳呀！」我笑著回道。

「啊！妳都記下來囉？！」外婆瞪大雙眼說：「那阿媽今天講的也要記下來喔！妹仔真厲害，寫得真好。」

兒女一一嫁娶後，外婆還是堅持要工作，她說人一定要工作才是有用的。七十幾歲的她，背駝了、沒力氣了，只能做資源回收賺錢。後來她真的太老了，開刀後無法自由行走，必須長年臥床，由他人照顧。

最後，外婆的世界只剩下小小一張床。我問外婆的夢想是什麼？她說：「我無效（bô-hāu）了啦！希望快回去啦！」這時，外婆握著我的手，眼中閃過一絲無力。

臺語中無效、回去就是自己沒有用了，希望趕快回天國。聽到外婆這麼說，我真的好難過、好難過，外婆傳奇的一生中，有好多事情我都還不知道，我還想繼續聽外婆說故事，她是我最敬佩的外婆。

讀完最後一段，我和外婆同時紅了眼眶，瞬間感覺到我們的距離靠得好近。

日本瀨戶內國際藝術祭的策展人北川富朗先生說：「透過藝術，那些被遺忘的地方拾回希望，被冷落的孤寂老人們能重拾笑容。」

外婆在接受我的訪問時，從被困在床上的老人家搖身一變，成為躲在防空洞裡擔心受怕的小女孩、登上大花轎的緊張少女、發明大頭菜包的老闆娘，那閃閃發光的眼神，充滿生命力。

透過島記課程，我看到老人家臉上綻放出一朵花。此外，我也看到孩子的心變得柔軟，與家人之間更靠近；而老師也更理解孩子們，這種心靈的陪伴需要時間醞釀和等待。

藝術家林舜龍老師在瀨戶內國際藝術祭中完成了裝置藝術作品「跨越國境．潮」，一百九十六座與人等比例的小孩雕像，代表一百九十六個與日本有邦交的國家。雕像以當地海沙、黑糖做成，隨著海水侵蝕會逐漸消融，最後頭上開出一朵石膏做的白玫瑰，露出寫著國家名稱的金屬牌子。

我覺得這個作品很「島記」。你可以把每個小孩想像成不同的長輩、家族、社區、國家乃至於文化。雖然我們的肉體會因為死亡、戰爭、時間而消失，藉由島記追尋自我的課程，讓不同世代有了連結，故事得以留存下來。

透過島記，我們畫下不追求「像」的畫，挖掘社區的一磚一瓦，找到自己的根，並且盛開出一朵獨一無二、名為「認同」的白玫瑰。

這是我們的島記故事，那你的呢？

＊勝利國小島記團隊：林幸宜主任（視覺藝術）、黃雅盈老師（導師：國語、綜合）、李思瑩老師（資源班：國語、社會技巧）、簡銘賞老師（聽覺藝術）、王鴻彰老師（資訊：剪接）、賴如怡老師（資訊：攝影）。
島記顧問：顏永進校長、陳玟伶老師、周世雄老師、李榮山老師、張嘉怡老師、蕭美慧老師。

勝利國小島記課程紀錄片《不老的回憶》導演：李思瑩

思瑩老師外婆的故事全文請見臺史博網站時空旅行社——國家文化記憶庫2.0線上策展平臺。

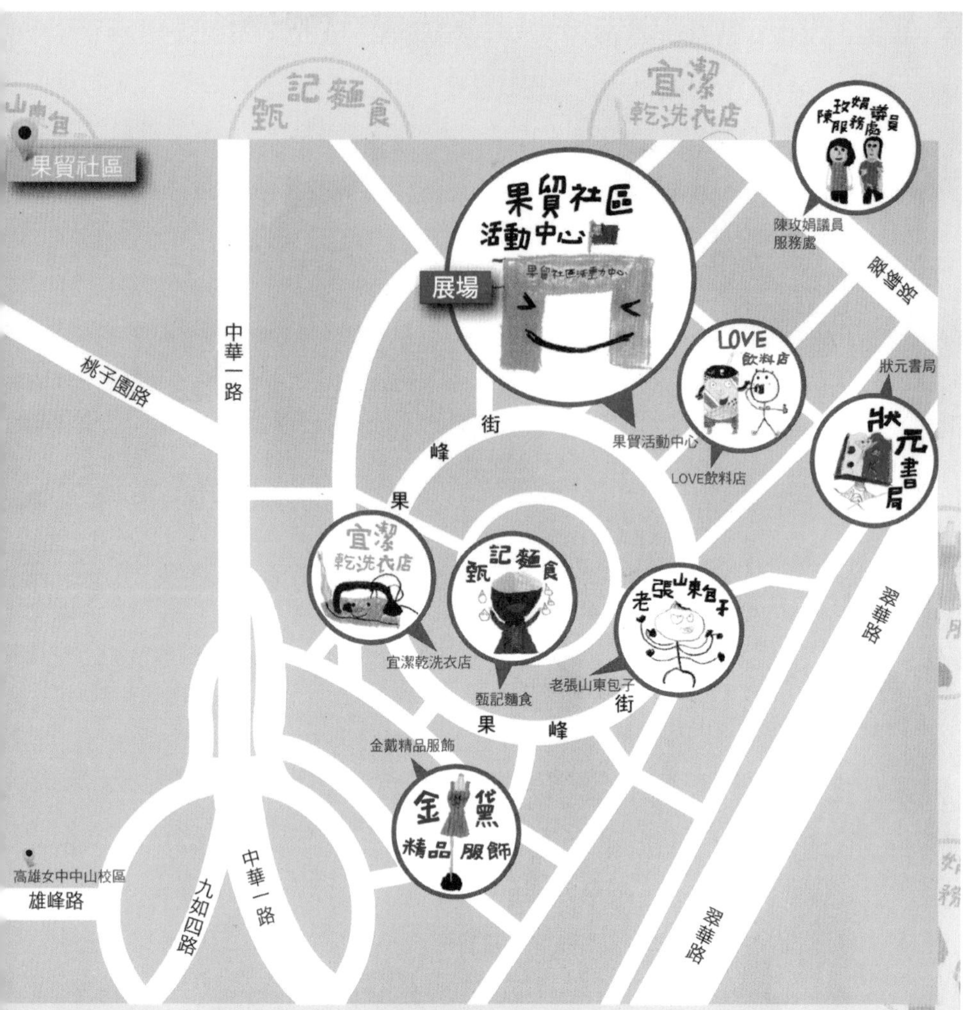

店章設計：勝利國小學生黃睿佳、林沛岑、陳葆華、張君楷、吳宜婷、沈鍾晏、莊博丞、廖暉陽、江子甄、郭子杰、王仲廷、賴劭岷、賴冠羽、林韵豈。

島嶼的集體記憶之

「不老X初心=果貿相遇」

勝利國小與高雄女中聯展

展覽故事

1985年，春。果貿社區肩負聚落嶄新的期待，昂然矗立。

2016年，夏。班城遷移，白衣黑裙，青春渲染了這方天地。

2016年，冬。勝利多彩的稚嫩笑顏，童言童語成了果貿居民的茶餘飯後。

大手牽小手，若要說什麼是我們共有的「島嶼集體記憶」，那麼這片果貿的土壤，必定是我們最美的交集。

縱然從0元開始籌辦展覽並不容易，還好我們都知道，一點一滴、咬牙只為有意義的事情努力，是這片土地的原生精神，所以我們固守著。

而從提供學習機會轉而成贊助廠商的這些果貿店家好友，我們亦由衷感謝。

『島嶼的集體記憶』列車續航，『不老X初心=果貿相遇』雄女與勝利國小聯展，是我們耀眼的第一站。

展覽資訊

展覽時間：106年4月23日至5月7日，每日上午08:00至17:00
106年5月07日展至上午10:00

展覽地點：高雄市左營區果貿社區活動中心（高雄市左營區果峰街8號）

開幕儀式暨茶會：106年4月23日（星期日）上午10:00至12:00

展覽內容

爺奶肖像畫

家傳記憶物

家長居民果貿禪繞畫

果貿採訪

果貿寫生

Chapter 3

家的群像，愛的容顏

採訪撰文　林怡君、陳慧齡　｜　受訪教師　吳念真

■ 白沙國中島嶼食光展出自己種的南瓜。吳念真老師與白沙國中師生合照，由左至右：吳念真、黃志文、林欣怡、葉天文校長、林海葳、陳耀民老師、鄭復生、鄭詠丞）。（吳念真老師提供）

我是澎湖在地人，曾是國中美術老師，我喜歡創作帶來的療癒，以及大家一起透過作品互相聯結，激盪出許多令人感動的事情。

二〇一七年，鎮海國中吳憶如校長帶著我們全校老師到臺灣本島參加研習，而接觸到島嶼的集體記憶課程。當下，我思考著要怎麼將它帶回澎湖，跟我的美術課程做結合。一次教學研習，開啟了美麗的篇章，後來我轉到白沙國中任教，繼續開發島記課程。最終我離開教職，成為一位藝術創作者，仍以此題材為軸心，持續創作著。

秉持著讓藝術生活化、在地化的信念，回澎湖教書之後，我每年都會與朋友在澎湖舉辦藝術創作展覽，或是讓在臺灣本島的藝術創作者用創作換宿的方式，暢玩澎湖。

其實藝術很貼近生活、很有趣，不是要畫得很厲害、很美，炫技才叫藝術。藝術可以呈現非常多元有趣的視角，我想讓大眾感受到創作可以很生活化這件事。有時候我會找燈光美、氣氛佳的專業場地辦展，也會利用一些棄置不用的場地。不管如何，靠自己動手就能打造出專屬的展覽空間，把日常生活布置成展場。

這十年來籌備展覽的經驗讓我靈機一動，何不將島記課程的核心價值融入藝術創作？結合一〇八課綱精神，讓孩子們親身體驗，藝術不只存在於課堂，創作也不是只有畫畫一種媒介。

「之前帶你們去看了兩年展覽，今年換你們展出了喔！」回到學校之後，我對九年級的學生們丟下這句話，孩子們露出一臉呆萌的表情。

決定在畢業前夕辦展，除了作為成果發表，也是因為國三學生會考結束後到畢業前有兩週空檔，可以找點事情讓他們做。這群九年級生作為主要策展人，自己分組、構思設計動線，從無到有，將學校原本不起眼的教室走廊搖身一變，成為閃耀亮眼的展場。

記憶的味道

做島記課程的老師，心中往往有個地方被觸動而產生共鳴。在島記課程中，有個很重要的核心價值，就是追溯那些被塵封的記憶，是尋根也是傳承。因此，我引領這群孩子去挖掘生命中具有重要意義的元素，創作出自己的時空膠囊。

因為地緣的關係，生長在海島的孩子念到高中畢業後，絕大部分都會離家到臺灣本島求學或是工作，許久都無法回到自己的家鄉。

「也許有一天，走在路上的時候，會忽然聞到某個味道、聽到某種聲音，或是看見某個原本並不起眼的東西，明明很平凡，卻這樣咚地一聲闖進了記憶時空。這時候你會想起誰？或者勾起什麼畫面？」

我用自己離鄉十年的經驗為例，帶著孩子們由關鍵詞開始發想、書寫。這時候，只要跟自己對話，單純地讓思緒沉澱下來，誠實地聆聽內心的聲音。請想想，某個氣味、聲響或是物品，會喚起誰的身影？腦海中出現的又會是什麼樣的記憶？

我非常重視與學生一對一對談的時刻，聊著聊著，思緒節點逐漸被串連，勾勒出雛形。在追尋記憶的過程中，我特別喜歡用氣味做開端。氣味雖然是很抽象的感知，卻很容易連結人的情緒與記憶。所以我常用「什麼味道讓你想到什麼人、什麼場景？」來切入，進一步引導孩子們蒐集某些素材來呈現真實生活記憶，像是阿公身上的香灰味、記憶中的蛋炒飯。

課堂上，女孩第一次跟我說想畫梅子雞這道菜時，我好奇地詢問原因。

女孩聳了聳肩，說：「不知道！就想畫這個。」

我笑了笑，將一個白色瓷盤遞給女孩：「那就直接畫在這吧！」

曾讀過美術班的女孩有著嫻熟的繪畫技巧，光是看著照片就能完美複製。完成作品後，她站在大家的面前，緩緩說道：「這道梅子雞是爸爸的拿手菜，但是爸爸生病了。後來醫生告訴爸爸他必須休養一陣子，所以我不能再吃到他為我煮的愛心晚餐。我希望能再吃到爸爸下廚做的這道料理，因為這樣代表爸爸身體已經康復了！」原來那是思念的味道，也代表孩子心中最深的祝福。

美術課堂的生命教育

因為自身對創作的熱愛與常年辦展的經驗累積，我對於媒材與形式有著相當大的包容性，學生們可以自由提出任何創意。也因此，在課堂上會出現有人在晒魚乾，有人喝養樂多，有人找木頭，還有人繡花的畫面。

看著眼前的孩子用不太熟練的雙手一針一針地刺繡，令我佩服。其實這名特殊生的小肌肉群動作比一般學生困難許多，但就在我詢問他對於作品的想法時，孩子堅定地回答：「想將爺爺繡成畫。」

他說：「爺爺每天種田，辛勤地彎腰除草，扶養我長大，很辛苦，流很多汗。他都用同一條毛巾掛在脖子上擦，所以我想把爺爺的樣子繡在他的毛巾上，感謝他。」

看著孩子的動作，我靈光一閃，這一針一針縫繡的模樣不就像爺爺種田的動作嗎？原來孩子無意之間用模仿的方式來記錄爺爺的付出。

女孩仔細地挑著一尾尾看似平凡無奇的小魚乾，小心翼翼地排列，那是爺爺船上的小魚乾。如同大部分島上的居民一樣，女孩的爺爺是靠海維生的漁民，身上總是伴隨著海水的氣息。不同於其他漁船上的魚腥味，爺爺船上飄蕩的是令人安心的魚乾香氣。在女孩心中，爺爺船上的魚乾香就是記憶裡最溫柔、最讓人懷念的味道。

每到美術課的時候，班上總是有位男同學在喝養樂多，一口接一口。早在第一節課決定創作方向的時候，他就神祕兮兮地跟我說：「我的作品是組合起來的養樂多，所以我喝養樂多是為了做作品喔！」

准？還是不准？……

「好！」我抱持不預設立場的心態，接受了孩子的要求。

學期末，一座巨大的養樂多塔呈現在大家面前。到了介紹作品的時刻，男同學終於開口：「這是我五、六年來第一次喝養樂多。小時候阿公都會給我喝養樂多，每次只要喝到它，我就會好想念、好想念他，所以一直不敢喝。」

簡單的養樂多空殼，沒有複雜的技術，但對孩子而言，卻有很深的情感連結。

我很重視學生的創作是否發自內心，有沒有誠實面對心中的感受。我希望他們不單單是畫出一個很漂亮的作品交差，而是勇敢、真誠地探索自己，找到過往生命中很重要的片刻。

偶爾我也會遇到警戒心很強的孩子，參與度很低，這時候我告訴自己需要多一點耐心，先讓孩子在自己的世界裡沉浸一些時刻。如果能站在旁觀者的角度了解學生們的生活背景，或許更能理解他們的想法。

有些孩子腦中的畫面清晰，很快就能找到明確的創作方向；有些孩子則是憑感覺，一邊摸索一邊前進。也許一開始沒有什麼特別想法，但創作者或許都體驗過「心流」狀態，在動手做的同時，無法意識到時間的流逝，只剩下自己。

我認為，藝術創作的形式不該被限制，不同的方法會開出不同的花。在形式上開放學生選擇素材，勢必產生許多不可控的狀況；而在內容上，藝術課程中納入島記的核心價值：個體認同與群體的在地認同，近乎社會學與生命教育課，對於美術老師而言是一大考驗。

在課程設計中，我引導七年級學生觀察長輩最愛的料理，學習平面繪畫技巧與光影色彩；讓八年級學生學習綜合媒材，立體呈現某個定格的時光回憶；九年級則是學習規劃一場完整的展覽。先訂定一個主題大方向，再讓三個年級的學生各自學習不同階段的課程內容。

光是平面繪畫就有素描、蠟筆、水彩等技巧，立體材料運用需要考慮準備數量、形體比例，甚至接合材料的方法等，考驗了老師對素材的熟習程度，以及處理不同材料的應用。而當學生開始天馬行空地創作時，我會適時承接他們的想像，給予實際可行的建議。這個看似艱辛的過程，讓我感到不可思議的有趣。多虧學生們信任我，也願意聽取建議，讓教學過程變得順利。

能夠成功籌辦這種大型活動，也仰賴學校的支持與所有老師們的包容。偏鄉地區的資源沒有大城市豐富，往往就是隨手可得的紙黏土、廢報紙、花生殼，或是海邊拾來的小物。但樸實的素材加以靈巧運用後，也能呈現出真摯的情感。

在陪伴中互相理解，靠近彼此

即使走過世界、看遍各地風景，我最有感的還是家鄉的事物。所以第二年在白沙國中任教時，設計出「島嶼食光課程」，當時還特別邀請做法式餐點的朋友，運用學校種植的南瓜、芭蕉葉，設計了一場開幕茶會。

我想教導學生，不要覺得自己身在鄉下就不如人，懂得珍惜身邊的資源，是這堂課能帶給學生最好的禮物。

一開始我沒有特別想去感動孩子們，只覺得與其在課堂上用文字解釋，不如讓他們實際體驗來得深刻。而當看見學生們真誠、毫不保留地分享自己的生命故事時，反而讓我受到很深的感動。即使多年後分享島記課程經驗時，仍能感受到當時的悸動。

頑皮的孩子總是課堂上最快被老師記住的學生，原因無它，就是太吵、太好動了。

美術課上，我交代學生：「我們下禮拜要來畫家人喔！大家想畫誰呢？記得回去找照片，下禮拜上課時跟老師討論喔！」

那孩子說他想要畫剛過世的爸爸。但是，一週後，孩子一臉

白沙國中島嶼食光展覽場地布置中：（由左至右）洪崇恩同學、方國進同學。（吳念真老師提供）

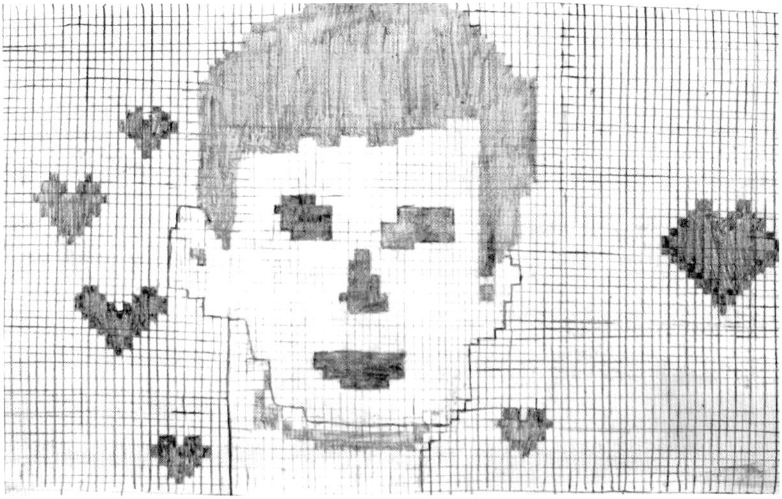

鎮海國中島嶼記憶展覽：吳松驊同學畫作「馬賽克爸爸」。（吳念真老師提供）

茫然地告訴我：「照片都找不到了！」

原來他的家人因陷入過度悲傷的情緒，將往生者所有的照片都刪除了，僅剩下的一張是靈堂上的照片。我吃驚之餘，只能教孩子如何在社群網站上尋找。

「即使大海撈針，都不要輕易放棄喔！」終於，孩子在爸爸的朋友臉書上發現一張約三十人的大合照。

「老師！我找到了！」看著照片裡小小的人頭帶著一抹微笑，我請孩子將照片影印成A4紙大小，鼓勵地說：「就畫這張吧。」

從此之後，每節課孩子都異常安靜，專心地拿著長尺，一格一格地塗抹著由模糊的黑白像素方塊組成，父親像是被馬賽克的臉。

成果發表那天，當全班同學站在走廊上布置的作品前面，分享自己的作品故事時，輪到這個頑皮的孩子上臺了。他指著畫滿愛心的爸爸，緩緩吐出：「我只想跟他說……我愛他。」

就是這麼一句話，讓我至今想起這幅畫時，依舊會紅了眼眶。

原本我單純地想讓學生學習策展，沒想到這個過程，卻讓師生一次次地彼此靠近，因而了解各自不同的生活背景。比方說課堂上常常打瞌睡的男同學，原來是因為擔心年邁的奶奶半夜外出撿拾海產會出意外，孝順地陪伴在身旁，導致生活作息日夜顛倒，精神不濟。這個看似防備心強的孩子，小小年紀就要背起照顧親人的責任，著實令人不忍。

當我透過課程理解孩子脫序行為背後的原因之後，更能夠以同理心去看待每個孩子。

創作無關成績，也讓對課業沒有自信的孩子從中找到成就感。當孩子發覺有人認真傾聽自己，逐漸感受到自我的價值，態度與行為往往也會變得正向。

不管是在鎮海國中或是白沙國中，到了成果發表這天，最大的重頭戲是由孩子們為自己的作品導覽，這對父母而言也是非常難得的機會。他們親耳聽見孩子的分享才明白，原來孩子們記得這麼多事；原來自己的付出，孩子都看見了。原來曾經發生的某些細節會在孩子心中留存這麼久……。

某位學生遠在越南的外公過世了，因為新冠肺炎疫情的關係，使他的媽媽沒辦法見到父親的最後一面。孩子的雕塑作品中有一棵大樹，樹下是微笑乘涼的外公。媽媽一看見這幅作品，當場淚水止不住地落下。

另一位身材壯碩的男同學難得

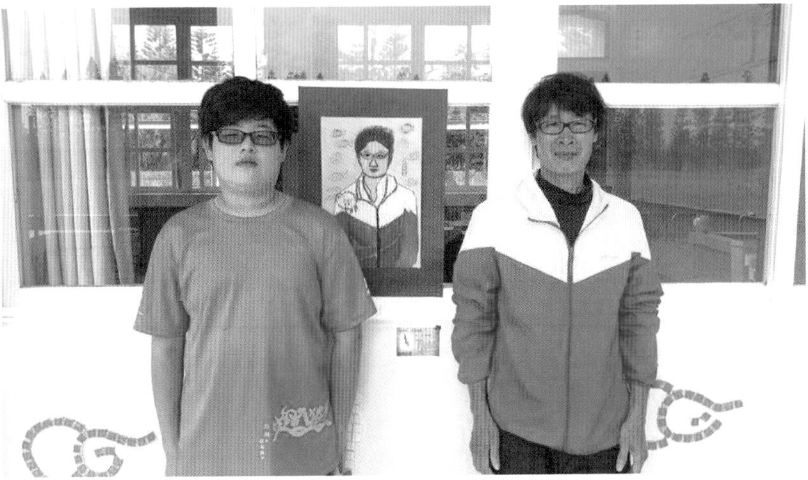

■ 鎮海國中島嶼記憶展覽——學生陳瑋辛與畫中人爸爸。（吳念真老師提供）

害羞地介紹自己的作品，原來是主角阿媽來了。頭一次阿媽不是因為孫子搗蛋被請來學校，看著一手帶大的孫子當著大家的面訴說著內心的感謝，一切辛苦似乎都化為雲煙了。

若不是因為這樣的課程，大人們大概很難有機會聽見孩子不曾說出口的愛，也不會知道孩子心中的感謝。

小村落裡的街坊鄰居彼此都互相認識，聽著身邊發生的小故事更是親切，不知不覺中，所有人又哭又笑地走完了這場記憶巡演。也由於這強大的渲染力，孩子們的成果展成了家長之間不可或缺的重要活動。

帶領著學生一路走來，最大的感慨其實是「陪伴」。

我曾經教過一名很有天分又肯努力的孩子，有次我好奇地問他的媽媽怎麼教育孩子的？當時她只靦腆地說著自己其實也不懂教育，就只是陪伴而已。

在孩子的人生旅途裡，老師能做的只是陪伴著他們走一段路而已。在這段路程中，讓孩子們感受到自己有人愛、值得被愛，是很重要的事。

有個學生畫了一碗很平凡的麵茶糊，他說那是奶奶經常煮給他吃的點心，背景填滿了天空的藍。

我問他：「為什麼想到奶奶會想到藍色呢？」

他抬起頭：「因為阿媽在天上，藍色是保護的顏色。我想她的時候就會抬頭看看，這是天空的顏色呢！」然後，我也跟孩子一樣抬頭望著天空，凝視了許久。

從小我跟奶奶的感情特別好，那些互動經驗成了我與孩子們相互溝通理解的養分。因為自己有想保留的記憶，在做島記課程時是快樂的。但是跟學生一樣，進行島記課程的老師也是需要被觸動，才有持續的動力。

在陪伴學生創作的過程中，我自己常有所學習，有所領悟。不論年齡或是師生角色之間的差異，彼此都能成長，並建立起情感的聯結，這不正是島記課程努力的目標嗎？

島記的發起人陳慧齡導演曾說過：「島記課程並沒有一個制式化的模組，我跟大家分享的是個人在草創時期的教學經驗，並藉由分享紀錄片溝通理念。一旦共識建立後，老師們會發揮各自特長，自由設計課程，時日一久，眾多在地記憶創作，將共構出島嶼多元的面貌。」

澎湖的在地記憶有著什麼樣的面貌呢？

在澎湖，由於青壯年人口離鄉工作的情況相當普遍，祖孫之間世代差距大、雙薪家庭的父母與孩子的相處時間少，無形之中形成溝通的屏障。慶幸的是，有島記這樣的課程，讓孩子們有機會反思與訴說自己的心事。

隔代教養是許多澎湖家庭的寫照，爺爺奶奶的角色更接近父母親的存在。在這樣特殊的環境背景之下，不同於其他縣市的島記記錄爺爺奶奶過往經歷的回憶片段，這裡的課程則是引導學生們基於自己有感的人事物去創作，保存生活中與長輩重要的相處時光。

島記課程能一直延續下去，是許多人努力的成果。如果能找到夥伴一起前行是福氣，即使一人獨行，我也會持續籌辦相關活動，希望能吸引更多當地教師參與，運用自己的特長深耕課程，一起陪伴孩子們記錄在地記憶，畫出屬於澎湖的群像。

二〇二〇年，島記團隊的夥伴們決定要出版一本兒童繪本《阿嬤，你去哪裡了？》時，邀請我擔任繪製的工作。大家開會後，決定所蒐集的作品必須橫跨幼兒園到碩士班，甚至是社區大學的年齡層，希望藉由不同的作品呈現島嶼多元文化的面向。

我一開始毫無頭緒，究竟該如何串接這些毫不相關的作品，呈現出連貫的故事？另一方面，作品畫風也有很大的差異，該如何取得平衡？後來我索性製作了一張表格，將所有作品的年代、地區、學校等元素統計分析。有趣的是，我發現這十個故事的年代交錯連貫，剛好串成一部近代史，腦海中頓時浮現了「家家戶戶」這個概念。

家是人們生活的載體，不同年代的房子、不同的家，有各種感人的故事在同一片土地上演。故事從一個小女孩開始，她在尋找阿媽的路途上，引導讀者穿梭不同的時空，經過各種風格迴異的房舍，看到各族群之間的家族故事。

我將每個故事放進對應當代時空環境的家屋裡，從紅磚厝到西洋房，從石板屋到日式庭院，每間房子的造型都是參考該時代的歷史建築。而小女孩在故事之間跳躍著，尋找親愛的阿媽，直到兩人重逢。在最後的結局裡，小女孩終於找到在學校畫著自己故事的阿媽了！

我引用島記成員李思瑩老師的媽媽——洪玉鳳老師的作品。這個阿媽從被動的受訪者化為主動的記錄者，帶領長輩們畫下自己的生命故事。

作畫時，我想起了自己的外婆，聞到魚乾與養樂多的味道，也看到學生阿公毛巾上的繡花肖像、被馬賽克的學生爸爸的臉……這幾年來實踐島記課程教學的點點滴滴回憶，也不斷湧上心頭。

《阿媽，你去哪裡了？》中的小女孩是我的學生，也是臺灣所有的年輕人；同時，也是我自己。我永遠都不會忘記，當時的我是如此慎重地在這個象徵臺灣集體記憶的繪本裡，將澎湖安置在某一頁，用心地、一筆一畫地刻畫出家鄉的海與風、貝殼與咕咾石……。

鎮海國中島記課程紀錄片《29座小島的故事》 導演：陳婉菁

繪本《阿媽，你去哪裡了？》
演出：勝利國小學生楊琍安、楊馥丞。指導：李榮山老師。

■ 澎湖白沙國中學生張育琳作品《土魠魚塊》。澎湖過節時餐桌上一定會有這塊「白金」，她懷念阿媽還可以下床走路時，阿媽煎的土魠魚，那是記憶裡最美好的滋味。（吳念真老師提供）

■ 鎮海國中教學團隊合照。（吳念真老師提供）

Chapter 4

打造一座串連世代的橋

採訪撰文　李微潤　｜　受訪教師　翁淳儀

2018 翻轉高雄教育節，榮民爺爺們到展場參觀。他們看到自己生命史的明信片和肖像畫等，相當感動。孩子們說這是高中三年最有意義的事！（翁淳儀教官提供）

身為澎湖人，小時候常常看到部隊演習時，軍人會上門來討些水裝在水壺裡。他們的態度客客氣氣的，表明自來水也行，不一定要提供燒開的水，但我總會想要拿出家中沁涼的檸檬水招待。

後來我在榮工處（榮民工程股份有限公司的前身）開始人生中的第一份工作，接著到高雄市瑞祥高中擔任教官，與軍人的緣分不淺。加入島記行列後，時值對日抗戰勝利七十週年，我結合左營的單身榮民之家，進行了《榮民爺爺之時代臉譜》計畫與系列課程。

回顧《榮民爺爺的時代臉譜》這個計畫，像是打造一道橋，讓兩個世代能夠相遇；當學生走向榮民爺爺，所帶回的故事，溫暖美麗得出乎意料之外，讓我想要好好珍藏在心裡。

說是造橋，一開始比較像是「登山」，要將青澀的青少年帶領到飽經風霜的世代面前，得做好行前準備，而「了解」是關鍵。行前，孩子們有諸多憂心，例如擔心自己不會講臺語，殊不知榮民之家的爺爺們來自中國各個省分，跟自己一樣聽不懂臺語。於是我邀請榮民之家的負責人來課堂，從「榮民是誰」講起，讓孩子一步步邁開認識他們的步伐，再著手設計學習單，讓孩子們知道如何與長輩相處，可以為爺爺們做些什麼。

二〇一五年十一月，兩個世代初次相遇了。學生們前往榮民之家打掃環境，陪爺爺們下象棋，吹奏直笛給他們聽，做手工皂送給爺爺們，純粹而直接地陪伴與付出，回來之後，學習單上滿滿都是心得。

隔年二月，我再度安排了第二次採訪，並且與國防教育結合，讓距離戰爭很遙遠的孩子們，近距離聆聽走過戰場的爺爺們訴說自己的人生故事。這次孩子們的回饋更熱切，希望這樣的活動能夠一直辦下去。

原本半推半就的孩子覺得到榮民之家好有意義；原本寡言的孩子在爺爺面前很有話說。孩子們實際接觸後更了解他們，也從爺爺們的故事裡找到線索與方向。

世代之間像是擁有了一年一會的默契，沒有出現在爺爺眼前時，學生們就在課堂上學習、發想，可以在下次見面時為他們做些什麼，並且深入研究這些「活歷史」親口描述的歷史。歷史老師、美術老師紛紛加入，一起探討歷史、教授學生繪畫，指導他們田野調查與訪談的技巧。

橋梁建立之後，許多事情就這樣自然而然地發生了。孩子們已經不只是陪伴的角色，更發揮了超乎預期的溫暖與誠懇體貼的力量。在爺爺們走過的時光隧道裡，他們彷彿並肩同行，被爺爺們的故事一路牽引著。

歷史課本沒說的事

我曾經在學生的學習單上看到榮民爺爺留下的文字：「抗戰史，我說，你聽，願意嗎？」這些故事鮮少在歷史課本上出現，但卻讓學生們明白，榮民歷史從來不是那麼平面。說一千次「國防安全很重要」、「要珍惜爸媽的嘮叨」，都不如實際把孩子帶到爺爺們面前聽一次故事。

眼前扯開嗓門雲淡風輕說

■ 2018 翻轉高雄教育節，翁淳儀教官與參與榮民爺爺服務學習的瑞祥高中學生們一起歡慶，並和展覽作品合影。（教育節團隊提供）

著過往的爺爺，曾經被重傷的戰友拜託，「賞我一個痛快、把我殺掉吧！」有個爺爺曾經與子彈僅有分毫之差，生死就在一瞬間。

處在錯綜複雜的大時代裡，命運半點不由人。有個身為臺灣人的爺爺被日本總督府徵召到中國打仗，面對的是與自己同為華裔的士兵。當時一個禮拜有三天打仗、三天休戰，週一三五打仗時，彼此是相互廝殺的敵人；週二四六休戰時，大家是一起去溪邊玩的朋友。據說日本戰敗時，中國士兵還會送臺灣士兵去港口，對他們說再見。

當人生遇上殘酷的戰爭，夢想又算什麼？

學生們嘗試問了爺爺這個問題，得到「我想回家」、「我想再被爸媽叨唸」的答案。或是一句：「明年還可以來看我嗎？」

孩子們的出現，讓榮民爺爺笑得開懷，收到學生贈送的手工皂，他們捨不得用，把它珍藏起來。

記得曾經有個學生跟我說：「爺爺是我的知己，跨越了很長世代的知己。」

島記課程進行了數年，有位連續跟了三年計畫的學生，每年都會為爺爺做個小房子模型，推著坐在輪椅上的爺爺出門逛逛。

有個爺爺跟一位內向的孩子特別有緣，他讓孩子跟著到房間，像祖父對待孫子一樣，想要給學生最好的禮物。

學生離開榮民之家後哭了。我問他：「是不是看到爺爺的房間很難過？」學生重重地點頭。

爺爺住在沒有廁所、簡簡單單的八人宿舍，令學生不解的是，為什麼爺爺會住在這樣的空間裡？

他們努力想為爺爺多做些什麼，這群外省爺爺們喜歡吃家鄉的涼粉，於是研究他們的家鄉料理怎麼做。因為爺爺，他們開始碰觸長照議題，查找防止褥瘡的資料；他們演奏樂器，讓不愛說話的爺爺跟著打拍子；他們畫完爺爺的肖像，把訪談結果做成明信片，讓爺爺可以指著作品說：「那個是我，我從沒被寫過、沒被畫過。」

這些畫後來還集結成展覽作品，在 MLD 台鋁生活商場展出。

有個小女生採訪的爺爺跟自己的母親來自同一個家鄉，因為課程計畫，她開始研究軍人身邊的女性角色，探索身為軍人的外祖父外祖母之間、本省父親與外省母親之間的故事。臺灣出生、從小不喜歡被稱呼為外省人的她，開始梳理自己的身分認同問題。還有學生研究了這段歷史後，將它寫成小論文，並且得獎。

有孩子在畢業多年、輾轉得知榮民爺爺離世的消息後，發來訊息，說他想去送爺爺最後一程。

榮民爺爺們的人生讓學生們產生力量，而讓我持續寫公文、設計課程、做行政協調、申請經費等繁瑣事宜的動力，則來自這群可愛的學生們。從他們身上，我看到兩個世代如何把彼此放在心裡，如何溫暖地惦記著彼此的人生。

最近一次的一年一會是二〇二一年十二月。課程計畫一開始時，參與的榮民爺爺們有八十幾位，最年輕的是八十幾歲，二〇二一年末只剩下十幾位。他們大部分是坐在輪椅上被推來，內心一時百感交集，我深刻感受到這一頁歷史，快要被翻過去了。

當年國民政府撤退時，有些榮民來到泰北、緬甸、寮國等地，在那裡落地生根。二〇二三年初，因緣際會之下，我前往泰北的學校服務，教導軍人的後裔學中文，見證了歷史的蒼涼與無常。

島嶼需要一座橋來連結四通八達的交通，而島嶼的記憶課程也有一座橋，就是用前人的故事，譜成的生命故事。

■（左）蘇姵瑄同學分享她從宏觀的歷史和細膩的人情中反思，客觀看待生命本質，體會世代交流的感動。

■（下）作品描繪一對老來得伴的榮民夫妻，爺爺曾是驍勇善戰的堅毅戰士，消磨稜角後成為溫暖和藹的老人，以及他們見證了細水長流的愛情。（蘇姵瑄同學提供）

瑞祥高中島嶼的集體記憶——榮民爺爺之時代臉譜

我來自湖北，民國十三年出生。孩提時父母辭世，與兄弟相依為命，家裡生活貧困，民國三十六年從軍，讓國家養。從軍過沒多久，國共內戰就開打了，接連換了好幾個部隊，只記得最後是由黃杰所領軍的第一兵團，在共產黨的強烈攻勢下打了幾天幾夜，終究還是輸了，所以軍隊就一直往南撤，撤到越南。法國人並沒有善待我們，還會兇我們。我們被關在越南最南邊的富國島，需要自己蓋房子，還要抓魚來吃；回想起那段歲月，真是苦不堪言。幸好，之後撤退到臺灣，我是第一批，來臺後繼續從軍，直到民國五十年。之後在加工區打工，還結了婚，生活總算平穩多了。閒暇時間我會下棋，看武俠片，聽鄧麗君的歌。遺憾的是無家可回，因為父母兄弟都已過世，家鄉都已人去樓空。

不過，我已經很滿意現在的生活，只要能夠三餐溫飽就已經是莫大的幸福了。所以我要告訴大家的是，人要學會知足和感恩，絕不怨天尤人！唯有如此，才能在遇到挫折和失敗時勇敢面對。我經歷了大家沒經歷過的大風大浪，所以很多事都已看開，也希望各位能夠笑著面對困難，化險為夷。

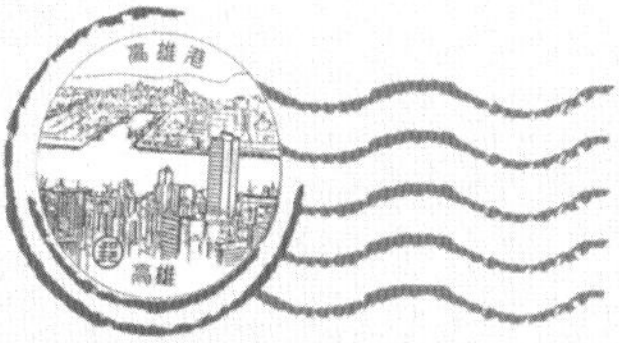

問爺爺一生中最開心的事，
他回答三餐溫飽就滿足了。

這些人就在這裡、在我們的身邊，
我們卻選擇無視於他們。

口述歷史 楊靖慧、鍾青翰
人物速寫 徐曉萍

何菊生

94 歲 湖北浠水人
35 年入伍
64 年海軍陸戰隊上士退伍

Chapter 5

我們都是說故事的人

採訪撰文　**林怡君、陳慧齡**　｜　受訪教師　**李雅雯**

■ 至善美力島記團隊，跨越科目界限，集結夥伴心力，課程以島記為核心精神，獲得教學卓越獎的肯定。

當初是在學思達年會上，聽到李思瑩老師為大家介紹「島嶼的集體記憶計畫」，我才知道高雄有一群老師正開發相關課程，非常感動。但是當下沒有預設太多立場，單純地想到利用記憶去聯結不同世代間的對話，對於班級經營來說是很好的切入點。當時我是國一美術班的導師，若能引導學生，讓他們更親近自己的家人，從學生、家長甚至導師的角度來說，都是三方共贏的局面。有了這個構想後，我便思考著要怎麼將課程帶進自己的班級。

同樣都是從島記中受到啟發，但越深入了解之後，你會驚喜地發現，每位老師的「why」其實不太一樣。我自己的專業是地理科，開發島記課程是為了用一種客觀角度去看待與孩子們的溝通，並藉由創作活動反向挖掘背後的生活環境與歷史記憶，導入教育當中。

多數時候，老師與學生在溝通上很容易陷入講大道理的迷思，卻忽略了他們的行為多半是來自過去的生活經驗或是原生家庭養成的慣性，這其實是學校教育與家庭教育之間的拉扯與角力，但島記卻能用一種比較柔軟的、旁觀者角度，去理解行為背後的原因，更能貼近彼此。

在作品完成後運用展出的機會，邀請家人一起來聽聽孩子的分享，並與老師交流認識，在這個過程裡，不管是孩子與家長，或是家長與導師之間，都能有更多的交流和對話。

青春期的孩子正在建構自我的世界觀，會更積極尋求獨立自主是很正常的事。回想自己年少時，或多或少也有不想聽話的階段，不是嗎？但島記課程神奇的地方就在這裡，它用故事去聯結、同理其他人的生命歷程。因此，大人們會發現孩子內心隱藏的不安全感，也讓孩子們懂得大人嚴格管教態度背後的關心。

多數學校的島記課程是以一個人生命的起點「家庭」開始。二〇一八年至善國中啟動「美力島記──說故事的人」，也是以家族故事為起點，陪伴學生訴說家族故事。如同熱血動漫一樣，有第一個人站出來，慢慢地就會結夥成群。自從我跟同事美術科林淑華老師聊過之後，內心就蠢蠢欲動，很想找她共同設計課程。

淑華老師說：「教導學生繪畫技巧，美術班的孩子們都很會摹仿。但是光有技法而缺少真實情感，這樣的作品很難打動人心。」

她聽到我想將故事轉化為創作的想法，立刻提出由她負責實作指導。她將原本安排好的靜物畫單元，調整成為爺爺奶奶肖像畫的課程，並導入蒙太奇構圖法，巧妙地將訪問收集而來的故事，用拼貼的手法鑲嵌進畫作。我的任務則是激發出孩子們的學習動機，因此大量引用各種故事，帶入情境，讓孩子們從被動接收作業的心態，轉為好奇、主動的學習態度。

在教學實驗過程中，不乏認同島記理念而自告奮勇加入的同伴。比如，只是路過卻默默在門外聽完一節課就入坑的黃冠元老師。剛剛晉升為新手爸爸的他，被島記課程中的情感聯結所打動，成為協助美術作品指導的老師之一。

多數學校中島記相關課程的萌生，初期都是因為某位老師被該計畫感動，而納入自己的學科中，用有限的幾堂課，以單元的方式進行。至善國中很幸運地具備了多項先天條件，能在一個主軸下進行長期跨科合作。每位參與的老師各自分工，由導師帶領學習單、美術老師教導創作技巧、英文老師負責創作理念中翻英。大家分別在自己的課堂進行，也因此短時間內便能以多面向教學拓展出課程的廣度，循序漸進地設計出國一到國三的多個系列單元，達到課程深度與串連的目標。

五年來，透過不斷積累，至善國中逐漸建構了完整的島記課程。

凝視舊物裡的深情

我們這群老師陪伴學生尋找故事的過程中，聽到好多故事。更讓我們欣慰的是，看到學生與家長之間的關係改變的美好過程。

在「舊物裡的深情」這堂課，我們邀請學生分享陪伴著自己長大的老物中蘊藏的深摯情感。一位同學說：「我喜歡這堂課，現在網路發達，很多人的寶貝都是手機、電腦，好像快要忘記小時候曾有過的某些珍貴物品。但是這堂課讓我重新面對它們，也代表我經歷某件事曾有過的感情。」

進入青春期後，個子抽高了半個頭的男孩，他用沙啞的聲線站在講臺介紹手裡的娃娃：「這是爸爸在我兩歲時送我的娃娃，也算是他最後留給我的東西吧！

「我只記得，小時候爸爸愛喝酒又喜歡賭博，但是他在我五歲時就去世了，留下媽媽一個人面對所有事情……。」全班一片安靜無聲，很有默契地等待著男孩繼續說下去。

「看到媽媽很辛苦地扶養我長大，我沒辦法原諒爸爸，所以把娃娃丟在衣櫥裡，好久都不想看到它。直到老師說要找出舊物、找回記憶，我才想把它找出來，也是

祖孫緊緊相擁的愛，暖心又催淚，讓人眼眶濕潤。（至善團隊提供）

這個時候，重新看著娃娃才想到，我是不是也不小心把爸爸對我的愛給忘了？」

男孩微微停頓後，低下頭，下意識地抓緊了娃娃：「我決定回家後要把它洗一洗，每天回家都抱抱它，因為這是爸爸對我的愛，我不想忘記。」

在短短兩三分鐘的分享裡，男孩用稚嫩的語氣訴說對爸爸的情感，也是對過往的放下。至善國中的島嶼記憶課程「說故事的人」，維持著溫暖的調性，用故事貫穿所有的教學；藉由說故事引領孩子與家人和解，與過去和解。

對美術班學生而言，成品創作完成後還有最後一關就是成果展，這是美術班學生專有，普通班學生較難獲得的體驗。在展覽的過程中，除了分享故事之外，也讓學生學習如何為人導覽，讓他們有機會開口向眾人表達自己的創作理念。

看著這些美術學生爆發的能量，我進一步思考，如何讓更多學生及學科都能參與。當時至善國中有一門獨具特色的閱讀課，便在此時發揮了舉足輕重的效果。

「我喜歡閱讀文本問問題，用一個寓言故事引發思考問題中的問題，讓我們的思考更深入。」一位學生說。

閱讀課，顧名思義，是每週由閱讀老師帶著全學級學生閱讀精選文章的課堂活動。參與的老師不限科目，一起討論，發展出課堂活動。我們時常會想出一些教學策略方法與提問設計，讓課程更具啟發性。

許多熱血的老師們受到感動因此入坑。從閱讀課到美術課、家政課，如同滾雪球一般，越來越多不同科目的老師們自然而然匯聚在一起，自主自發地實踐島嶼記憶課程。而今，已從藝文橫跨至自然科學，協同生科老師共同合作。

這些看似不相干的學科之間能有效結合，仰賴同事間長久培養出來的默契，以及良好的溝通習慣。我們之間有著強大的革命情感，尊重彼此的專業，所以發揮了一加一大於二的力量。

另外，廖玉枝校長及其行政團隊也一直默默支持我們，特別是提供場地與經費。可以這麼說：至善國中最重要的資源，就是教學團隊的合作默契。每次想到這裡，就覺得自己實在很有福氣，能在任教的學校中找到志同道合的夥伴，一起築夢，一起實現共同的教育理念。

「說故事的人」美展在炎熱的六月舉辦，我們很擔心悶熱的室內空間無法讓家長舒適地參與整個活動。結果，設備組長曾嘉建老師在短短一天就將校內二手冷氣裝上，當涼涼冷風從風口吹出，團隊夥伴與學生都忍不住鼓掌叫好。負責至善國中營養午餐的林献凱大廚，也常在講座或展覽時提供手作酸梅汁等冷飲，讓現場更有家鄉味。此外，我們將美力島記的課程與校內活動做結合，例如教師增能結合校內教師研習，場地與經費也獲得了行政單位的支持。

這些年來，在各種講座活動推廣下，越來越多教師投入了島記課程的行列，而初期最需要摸索的，除了如何設計課程之外，便是教師之間的合作。至善國中教師團的每個夥伴都很樂意分享自己的經驗，提供其他老師參考。因為我們的共識就是：這一切都是公共財！

送藍白拖到韓國

籌備美術班的展覽時，我們特別邀請英文老師協助指導學生們製作英文的導覽解說影片。所有影片都是由孩子們自己錄製的中英文雙語版本。當時國際教育劉怡君老師、宋姚萱老師想：「既然英文版的故事都準備好了，那就可以銜接國際教育了。」

島記課程的好處是沒有固定的教學法，也沒有教學內容的限制，一切由教師自由發揮。所以當兩位老師表示願意牽線促成國際教育時，這對我而言是一個難得的契機。因此，我們在尚未進入社區記憶與國族記憶的課程之前，就從家族記憶直接進入到跨國故事交換了，這帶來許多文化差異的驚喜和互動，非常生活化且充滿創意。

還記得當我們收到韓國學生們寄來形形色色的食物時，大家都很興奮！我們開開心心地吃完才想到，要寄什麼特產過去呢？

當時學生們提出送泡麵、珍珠奶茶等臺灣名產的構想。但仔細想想，既然要用禮物傳達文化，還是要找出更具體的代表形象，這時忽然有個聲音冒出來：「藍白拖！

阿媽復古彩色茄芷袋！」馬上引起眾人的迴響。

在美術老師們的協助下，孩子們在藍白拖畫上跟臺灣有關的各種文化特產，如九份的樓閣小路、遠近馳名的珍珠奶茶、喇嘴Q彈的維力炸醬麵、臺灣獨有客家花布、知名地標臺北101大樓等，並寫上中、英文介紹，成品精彩，讓人愛不釋

青春描繪，足跡踏印，風情萃於筆端，至善學生用藍白拖向國際姊妹校訴說島嶼印象。（至善團隊提供）

手！連孩子自己都喜歡到捨不得送出去。老師們趕快將同學們已經完成的家族故事繪畫製作成紙膠帶、明信片、資料夾等文創小物留作紀念，才順利將藍白拖寄出。這個激盪創意火花的過程，洋溢著出國旅遊的愉悅氣息，令人難忘！

生活裡處處有故事

綜觀至善國中團隊的課程設計會發現一個有趣的特點——「說故事」，我們常利用閱讀課做引導，將校內諸多課程搭配說故事方式，帶領學生們進入情境去反思、去發問、去探討，然後創作，彼此之間環環相扣。所以，我們也常教學生在日常角落與生活物件裡找故事。

除此之外，我也帶著許多普通班學生進行「家人的藥袋」，以及尋找家傳味的「餐桌上的日記」等眾多課程。創作媒介更是五花八門，從熱縮片到紙黏土，甚至家政課讓孩子實作媽媽的拿手料理，每次學生們都玩到忘記自己正在上課。學生甚至說：「希望學弟妹也能玩到這些單元，真的太有趣了！」

在學期初，我用「臺日餐桌有味噌」單元搭配美力磁場、食農教育等課程，帶著孩子開墾菜圃、種植大豆，每天觀察生長情形。另一方面，由美術老師指導繪畫，生物老師指導記錄生長狀況，我則在閱讀課藉由文章介紹大豆的由來、如何產出至全世界及應用，再帶入日治時期大豆作為戰備食糧被引進及運用的種種，講故事的同時也在教導歷史、地理。此外，我們請孩子們回家記錄自家味噌烹煮的味道，並且學習重現。除了跨生物課、跨家政課，我們甚至在國際教育部門協調下，與日本姊妹校進行日臺口味大交流。

雖然文字敘述不過幾行字，但光是前期培育植物長大的過程，就需要好幾週的時間，讓等待收成的孩子都忍不住感嘆：「好像在照顧小孩啊！」

「我喜歡『幸福好食光』主題書展，從這個課程可以了解家人的飲食和健康問題，並藉機關心家人。」有位學生這麼說。

走進社區，聯結記憶

除了家族記憶、學生們的日常記事，我們也走入社區說故事。首先，希望孩子能認識自己所生活的社區裡各式各樣的居民，理解他們不同的生活方式，進而讓學生們滋養出服務他人的意願，樂於為社區付出。

我跟夥伴在設計課程時有一個共識，無論是家人間的溝通、參訪社區，甚至是人權議題，都會使用「換位思考」來訓練學生。當孩子們聽過自家長輩的故事，對於時代有了籠統的概念，若有機會收集其他同時代長輩不同視角的分享，就能有更多對照找出關係，來彙整記憶碎片。

恰巧學校後門有一間長照咖啡館由一群長照員改建辦公室，聯結社區資源與長照家庭。課程設計跳脫以往傳統教育，直接把內容塞給孩子的形式，而是用學習單讓孩子去現場，透過自己對咖啡館原有的印象，進行觀察記錄：

A、你覺得這間咖啡館，賣的是怎樣的咖啡呢？

B、這間咖啡館有哪些物品讓你感到意外？

C、如果可以跟經營團隊對話，你有什麼好奇和疑惑的地方，或是建議？

我們用尋寶似的破題，激發學生的興趣，讓他們主動打開五感，進行認真的觀察。到了實地走訪的時刻，拿著學習單的同學們一到咖啡店立即開啟獵犬模式，東聞聞、西探探，不一會兒就提出許多自己觀察到的疑惑：

「店裡有很多攝影作品，但題材不是風景名勝，竟然是老爺爺、老奶奶？」

「為什麼會有這麼多無障礙設施，甚至有一個輔助上樓的電動輪椅？」

「免費幫忙量血壓！為什麼會要幫人量血壓？」
「店裡面有一張宣傳單，上面寫著提供免費的喘息咖啡！」
「店員會到外面扶經過的老奶奶，感覺跟這群老人家很熟。」
「為什麼要把咖啡館開在巷子裡，而不是開在人來人往的大馬路上呢？」

好奇引發的動力，往往能激起孩子探索的欲望。我們趁勢邀請長照咖啡館的工作人員到教室與學生對談，讓他們看看社會正面臨的一些現象，促進思考和反省。不知不覺中，學生們的思考與周遭的環境產生聯結，激發出關懷社會之情。正因為「社會」一詞已不再抽象，而是以具體而微的「社區」面貌呈現在眼前，是學生們腳下踩的這塊土地，是他們眼前面對的這群人，因而變得真實。

我們正找尋社區記憶課程的其他研究對象時，透過長照咖啡館，得知社區內有位工作了一甲子，還上過報紙版面的助產士奶奶。憑藉著奇妙的緣分，我輾轉聯絡到國內年紀最大的助產士張素玉奶奶、助產士公會藍芳貞理事長，因而揭開這個職業的神祕面紗。

當天，充滿磁性的復古女聲在溫婉的音樂中迴盪，受邀前來的家長與現場同學們在螢幕上看著大家從家裡找來的嬰兒照，迎來了第一波高潮，同學們充滿驚喜的笑鬧聲此起彼落，成功地引起了他們的好奇心。家長親身參與此活動之後，也更加肯定至善國中的島記課程。

學生們十分專注地聆聽素玉奶奶敘述橫跨兩代的助產故事，帶著一點溫馨、一點驚險和刺激，從戰後嬰兒潮到少子化的今天，生命的脆弱、生產的不易，這段歷史都鮮活地呈現在孩子們眼前。

下課鐘聲響起前，有個孩子問素玉奶奶：「助產士這個職業已經慢慢被婦產科醫生替代，看著這個職業逐漸消失，您有什麼樣的感受呢？」

素玉奶奶溫柔地回答：「沒關係，只要母子兩個生命都平安健康，才是最重要的。至於給誰接生，怎麼會是問題呢！」就算找助產士的人越來越少，奶奶仍然持續進修，精進自己的專業，因為還是有信任她的老客戶，介紹產婦給她。

素玉奶奶提到自己餘生的心願之一就是寫書，記錄一生的知識功夫，貢獻一己之力，完成此行業的傳承。我認為這是平凡百姓的不凡之處，不是帝王將相或是傳奇英雄才能對社會有貢獻，任何一個人處在社會上的每個角落，都可以有所付出；也因為付出，讓我們感受到幸福。事實上，三年後，素玉奶奶真的實踐心願，出版了《助產接生經驗傳承》一書。對學生而言，素玉奶奶的身教展現出難能可貴的職人精神，是孩子們終身學習的榜樣。

不可諱言地，每個人說出來的故事，都是自己的經歷。打個比喻來說，就像從不同的管子看出去的是片面的天空，但看多了就能歸納出整體的概念。如何讓學生能夠自主學習呢？我認為就是激發孩子們的好奇心，讓他們成為摸象的瞎子。所以，我們必須放手讓學生自己去摸索，讓他們親手去拼湊出事物的輪廓。

人權教育的本質

很多時候，我的島記教學不是刻意而為的，孩子與課程很自然地會帶領我往那個方向走。

因應課程需要，兼任閱讀課教師時，說巧不巧地，我挑選了楊逵先生描繪當代社會情境的《送報伕》作為文本，看著學生們在課堂中好奇的模樣，我便一心惦念著要與其他夥伴分享。

當時在辦公室與周遭夥伴聊起在課堂上與學生們有趣的互動時，說到一半，身邊的淑華老師忽然冒出了一句：「咦！楊逵先生嗎？他最小的女兒在我們學校圖書館當志工啊！就是楊碧奶奶！」

夥伴一說完，我的眼睛都亮了。

我決定邀請楊碧奶奶來與孩子分享她父親的故事，也為島記第三年的人權教育埋下伏筆。

其實我跟教學團隊的同事們一開始並沒有刻意要做人權議題。但是，身為一名老師，發現教材的作者後代正巧在身邊，如此可遇不可求的第一手資料，怎能錯過！當時的念頭是很單純地邀請楊碧奶奶來到課堂上，與孩子們分享作家父親的親身經歷。

照慣例，在正式的課堂分享之前，老師會先與孩子們聊聊那些好久以前的往事。

原本應該是被父親捧在手掌心上呵護長大的女孩，天真的眼眸卻覆上一層恐懼的色彩。親人的無助、周遭的異樣眼光，像是有種說不出來的重量壓在身上，連呼吸都得小心翼翼。

好久好久之後，她的父親從監獄回到家。又過了許久，有人說她父親是英雄，開始報導他的遭遇，歌頌他的堅強；而已經長大成人的女孩彷若局外人一般，靜靜地生活著。

孩子們用雙手刷墨印畫，人權畫卷隨之而生，一張一張地，抒發無聲卻又強大的呼喚。楊碧奶奶看著父親的故事被好好述說，百感交集。（至善團隊提供）

聽完故事的孩子們，還在咀嚼著親人被迫分離的意涵。我沉著聲音，緩緩地問道：「如果能選擇，你希望這是你爸爸的故事嗎？又或者，你就是那位爸爸，你會如何選擇？你想知道這家人當時發生了什麼事嗎？如果有機會的話，你們會想問他們什麼呢？想一想，然後寫下來吧！下次就讓楊碧奶奶親自來跟你們分享。」

我的提問讓坐在教室裡的孩子們回過神來，開始梳理自己的思緒，將滿腔疑惑寫在問題清單上：

您印象中的父親是個怎麼樣的人呢？

您的父親積極參與社會改革，卻付出如此巨大沉痛的代價。面對這些挑戰，他為什麼能有如此的勇氣與動力？

您父親晚年時人生最大的遺憾是什麼呢？

未完待續的故事，撓得人心癢癢的。直到楊奶奶到來的時刻，塵封的過往也一一揭開，但她口中的故事不是想像中的血流成河，而是孩童對未知最真實的恐懼。父親音訊全無、生活的緊張，尤其是那句「我怕人家會怕我……」一股壓抑在心裡深深的自卑，無疑給孩子們上了無法忘懷的一課。

課後，孩子們還貼心地寫了許多安慰的感謝話給楊奶奶。趁著餘波蕩漾，我讓孩子們自己思考：「如果你是楊逵先生的角色，你會怎麼選擇？」我認為思考的結果沒有對和錯，過程才是學生們能得到的收穫。

至善國中的島記課程除了有多樣化的豐富內容外，最特別的應該就屬白色恐怖議題的人權思辨。由於敏感的歷史題材很容易被貼上政治化的標籤，大多數教師選擇了迴避，島記計畫發起人陳慧齡導演曾經大力讚揚至善國中願意讓學生探索白色恐怖時期的記憶，這是少見的可貴範例。

「在綠島的爸爸」這一堂課，起源於楊碧奶奶送給至善國中的禮物。在楊碧奶奶跟學生進行交流後，她在至善國中校慶時帶了兩本《綠島家書》送給教師團隊。團隊教師覺得這本書只給自己看著實可惜，何不透過閱讀課，讓更多學生也可以收到這份禮物呢？因此，有了「在綠島的爸爸」這門閱讀課。

在閱讀課中老師率先挑出《綠島家書》其中幾篇書信，讓孩子們在閱讀後嘗試排列出正確的章節順序，引起孩子的強烈興趣與很大的迴響，甚至成了閱讀課的固定開場儀式。由舊書信去思考當時作者和家屬的心境，再回過頭來看看自己家庭裡隱藏的書信或舊物，翻找出被塵封的記憶。

從「我的父親，楊逵」、「那年夏天在綠島的版畫」到「行過黑暗之路人權教具箱」這些課程，至善國中教師團隊透過跨領域共備，並在外部專家的指導陪伴下發展了課堂架構。透過教師專業的引導，我們不談政治立場，而是透過人物訪談與史料記錄，讓學生理解過去發生的事。

「因為懂得，所以慈悲」，我們期許人權課程能帶領出更有愛的孩子，而在進行這系列的課程時，家長們也都能接受，給予正向回應。

有位同學說：「我覺得白色恐怖議題是一個很精彩的課程。其實我們在幸福的環境下長大，不會知道原來臺灣有這段歷史，連歷史課都只是淺淺帶過，上完這堂課可以了解更多。」

「我認為有必要讓學弟妹知道曾經有過的歷史，知道更多歷史的真相。」

「為什麼那個年代與我們生活條件與背景這麼不一樣？」

我回答學生們：「這個不一樣就是人權。」

「學會關懷」正是這堂課真正想帶給孩子的素養。回歸原點來看，所有我在島記開發過的課程，無非只是想讓孩子們擁有一顆柔軟的心。但若對此段歷史了解得深刻的話，大家就能理解，單用政治眼光來看待這個歷史題材，實在是太可惜了。因為它觸及了普世的人權價值，其教育意義遠遠高於政權、超越藍綠政營之分。

秉持著這個信念，我跟夥伴們持續深化至善國中的人權課程，甚至引用身體表演課程讓學生去感受體驗，包括藉由各種道具營造當時受囚禁的空間，讓學生用身體體會當時政治犯的生存困境。舉例來說，教學團隊以一班三十人（從當初囚禁空間的人均面積計算），製作出一張特製地墊，上面以線條、符號來表示六間囚室與馬桶等，學生們五人一組，躺在擁擠的特製地毯上。

在空間限制下，要做到全組躺下、避開馬桶且不能身體重疊，必須側身睡覺。當學生好不容易用各種角度姿勢做到指令要求，定格兩分鐘後，老師一彈指，表示目前是深夜，請大家翻身，這時候擁擠的不適感更是明顯。

接著，我們引導學生換位思考，輔以訪談史料學習單，去觀察、記錄、寫出心得，最後才進入藝術創作，也因此學生們的作品豐富多元、充滿特色，可以看到所蘊涵的情感來自學生真實的感受，創作理念也是出自個人思考的觀點。

慧齡導演曾經說過：「人權教育的本質是愛。」我想只要回到愛，回到對人的關懷，我們就能觸碰臺灣的傷痕歷史，並實踐人權教育。不管家長之間是否擁有分歧的政治立場，當他們看著自己的兒女學習如何去關心一個人、去愛一群人的時候，他們也會回過頭來支持老師。

師生共學，一起成長

每到學期末，師生們會針對上過的課一起討論心得跟收穫，以及提出建議，希望哪些課程可以繼續保留？學生們也非常樂於分享自己的想法，收回來的心得單上都是密密麻麻的文字，彷彿巴不得老師把所有的課程都延續下來。這種師生攜手前進的互動，也正是我們的島記課程能透過滾動式調整迅速改善的一大原因。

「很多人只會盲從，沒有去思考，為什麼事情是這樣呢？我希望其他人能和我們一樣，上完閱讀課之後變成一個會思考的人。」一位學生說。

「跟一些國小同學出去聚餐，他們的國中生活感覺就只有讀書。但是我覺得自己的國中生活非常精彩，除了美術班的創作經驗之外，我還有島記這個課程。雖然很累，但是收穫很多，再累也值得！」另一位學生說。

我跟同事們因為島記課程，也不斷體驗著心與心不斷交會的美好，體悟到這是一堂沒有辦法等待的課。

回顧歷史，透過引導在恐懼與反思交織，行過黑暗路，了解自由之珍貴。展場中「遲來的愛」說的是遺憾，也是敬佩。（林淑華老師攝影）

淑華老師說：「看著孩子們的故事，我也回頭做自己的家傳之味，好好跟家裡長輩學怎麼包粽子，很好玩卻也感嘆，怎麼這麼晚才去學？這讓我更深刻地去感受與珍惜身邊的人事物。」

「孩子們敘述的是大人們都知道的時代背景，但在故事的交織下，時代的面貌越來越多樣化，也越來越具有層次。能帶領孩子嘗試用故事的方式理解、發現生活文化的點滴和脈絡，是相當有趣又富有意義的事。」冠元老師說。

島記讓很多老師感動也願意持續投入的原因，就是學生分享課程

■ 畢業展開幕這一天，家族共襄盛舉，來聆聽孩子說阿公阿媽的故事。在鵝黃燈光下，映照出一整室的深情厚愛。（至善團隊提供）

帶來的學習與感動。例如那位抱著父親留下的玩偶的學生，因為課程，有機會重新回想與父親的相處，也找回了失落的愛。

我想，我們選擇當一個循循善誘的老師，就是希望孩子成為一個更好的大人。

除了師生的成長，家長們也對這幾年的島記課程有了很棒的反饋：「在升學主義之下，很少人會注重學生們的精神層面，或是同理這一塊。在現代教育中，讓家庭關係能夠密切地結合在一起，互相了解、相親相愛地扶持是重要的，臺灣目前的社會也一樣需要。」一位家長說。

關於如何去愛，我跟同事們在多年的島記教學中找到了一個好方法：讓孩子成為一個有故事的人、會說故事的人。

這也是島記教會我的事。

至善國中島記課程紀錄片《美力島記》 導演：王安民

Chapter 6

用紀錄片聯結生命經驗

採訪撰文 **陳默安** ｜ 受訪教師 **顏廷伍**

■ 與孩子一起拍攝社區紀錄片的長輩們和顏廷伍老師。此外北成親師生共同重現噶瑪蘭族傳統建築工法，親手打造身後的家屋。（顏廷伍老師提供）

宜蘭的稻田很美，跟西部的黃綠色不一樣，從北宜公路看過去的宜蘭，是一片翠綠的景象。

二十一年前，我遷來宜蘭任教於北成國小。多年來，宜蘭歷經土地農用、雪山隧道開通、野溪危機、礦場開發等變化，也許是為了守護當年一眼難忘的翠綠，我陪伴學生走進農地、山林與溪間，並且扛起攝影機記錄宜蘭變動下的種種，回望自身與這片土地的羈絆。

透過拍攝紀錄片，這些小學生用自己的眼光與角度認識複雜的社會議題。他們對於環境的珍惜，甚至改變了政府政策。他們不只是記錄者，也是讓宜蘭變得更好的力量，這個過程看似緩慢，但始終在路上。

一座城市的進步，往往意味著有些事物正在消失。例如，臺灣農舍管制不夠嚴謹，導致「種農舍」出現，數量倍數增加，其中宜蘭農舍增加數量為全臺之冠。雪山隧道開通之後，帶動了宜蘭的地方繁榮，吸引更多人來此定居或置產。一片片農地，在商業價值與農業永續之間來回拉扯。

由於老家在臺南，阿公擁有不少田地，我見識了南科農地炒高地價的情景，也明白老農想透過賣地拿回最後一筆錢的心情。見過高樓起，也預見了樓塌，一片土地除了換取更多財富，還有什麼無可取代的價值？……我知道，宜蘭的風貌正在不斷改變，沒有時間可以等待我們。

北成國小從二〇〇四年開始推廣媒體教育，成立了「媒體素養特色教育中心」，設有攝影棚、主播臺和副控室，讓學生製作節目或播報新聞。二〇一三年，我接任中心的指導老師，升起了帶領學生深入了解土地農用的念頭，因此四處蒐集相關資訊傳遞給學生，帶領他們去上建築農舍等相關課程，了解雪隧開通帶來的影響及變化。

當臺灣國際紀錄片影展（簡稱 TIDF）在宜蘭冬山舉辦巡迴放映會時，韓國紀錄片《八堂的綠色之戰》導讀老師賴青松建議：「何不拍攝農夫在做些什麼？」，開啟了我們對於紀錄片的社會責任想像。

跟李易倫老師討論後，我們開始帶著學生記錄農地的故事，易倫老師甚至指導班上的學生，花費了四年的時間，完成《田・滿》上下集。影片製作完畢時，孩子都已經上了國二。

《田・滿》開場便由稚嫩的嗓音鏗鏘提問：「農田不重稻，改種房子了？」他們採訪當地老農、地方政府官員、議員，從不同視角探討宜蘭土地開發及農業發展的問題，企圖用清澈的學生之眼找出平衡點。半小時的紀錄片中，展示了宜蘭農地變化的情況，影片思考之清晰與深入，令人很難相信是出自小學生之手。

對我而言，紀錄片的創作形式會讓創作者自然而然地反覆觀看，而觀看一件事的時間與專注程度，也決定了創作的深度。教育本身就是一個實驗場域，你會發現孩子看一件事情其實可以很深，只是大人往往沒有給他們嘗試的機會。

如果改變源自於某個核心齒輪轉動，那麼，「雪隧」應可視為改變宜蘭的重要建設，縮短了臺北和宜蘭的往返距離，的確方便，但是開進去就是……很想睡覺，好幾次我還是開回海線。

也許失去的不會再回來，但「記錄」本身就是一種挽留的手勢。

雪山隧道於二〇〇六年正式啟用通車，也就是說，許多小學生沒有經歷過「沒有雪隧的宜蘭」。在學生們完成《田．滿》之後，也影響了學弟妹主動提出拍攝《雪隧世代》的構想，透過街訪與踏查，用宜蘭新世代的眼光來看待家鄉的改變。

一連串紀錄片製作計畫打破了學習框架，也讓學生紛紛提出更具主題性的企劃和想法，用紀錄片傳達對於社會環境議題的關心與反思。

重點不是如何拍片，而是「你有多想做這件事」。

因為紀錄片不是國小領域課程，沒有預算科目，看到學生的投入，我想提供給他們更好的拍攝器材。即使當時校方沒錢沒資源，我仍決定自掏腰包購買攝影器材。

一踏入我家大門就是整牆的攝影機、鏡頭、軌道、腳架等專業器材，學生需要時無償出借；每逢假日，有許多學生聚在此交流拍片心得。這裡沒有黑板、課桌椅，沒有下課鐘響，是學生拍片的補給「軍火庫」。孩子們看見更多課本之外的世界，用鏡頭深入揭露社會現狀，對某些既得利益者而言，無疑是一種障礙。儘管現場干擾拍攝的惡意沒有少過，卻沒有讓我停下腳步來。當我請事假帶學生到處採訪、拍攝的同時，還得扛住四面八方而來的質疑與壓力，而學生的善意就是最大的支持。

由於當時的行動背後仍是一片混沌，理念尚未成形，旁人猶如霧裡看花，不明白我所為何事。直到二〇一六年「島嶼的集體記憶」發起人陳慧齡導演來宜蘭分享《給阿媽的一封信》初剪版影片，並邀請我開發相關課程，我立即召集了學生共同參與。「島嶼的集體記憶」賦予了我一直以來所找尋的目標具體的主軸核心，得以看到更大的視野與方向。

還記得那場在假日舉辦的研習分享會，人數爆滿。島記的出現，對我來說是一個很大的安慰，即使校方無法有更多資源支持紀錄片拍攝，林燈基金會也曾詢問過合作計畫，我一直很難具體說明帶學生拍紀錄片的用意，島記課程則更有利於在校內外傳達理念，讓更多師生理解影像創作所帶來的價值。

島記鼓勵多元藝術創作與自由詮釋記憶的特色，統合了我在課堂上帶領北成國小學生拍紀錄片的企畫，也促使我認知到「記錄宜蘭」這個行動本身就會產生一種共同記憶。

島記同時形成另一項更關鍵的轉變：讓孩子更

孩子團隊合作，專注於紀錄片拍攝的眼神好迷人。（顏廷伍老師提供）

有意識地將眼光轉向自己，追溯自身與環境之間的聯結，影響了北成國小學生後續紀錄片的走向與主題。

給噶瑪蘭的祝福：留住記憶裡的家園

記憶，看似是個人的私密絮語，若有幸被表述，記憶與記憶之間便有了聯結，召喚出更廣袤的集體記憶。於是，記憶便不僅是埋藏於心中的吉光片羽，它將擁有感動他人的力量，甚至讓公部門產生意想不到的轉變。北成國小紀錄片《給噶瑪蘭的祝福》便是如此，成為搶救家園大湖溪的一分子。

宜蘭大湖溪是蘭陽平原最後一條天然野溪，早期是極受當地居民仰賴的灌溉生活用水來源。二〇一九年政府開始進行前瞻的水環境河川治理工程，原始地景與生態保育價值恐將被破壞，引起當地居民及「宜蘭惜溪聯盟」等公民團體關心。

接獲消息後，我帶著孩子親臨現場。第一次深入大湖溪，冰涼的溪水與兩旁蓊鬱的樹林讓孩子直接躺在水裡，徜徉在被溪流與清新空氣包圍的大自然裡。宜蘭不只土地黏人，溪也會黏人，從此孩子常請我帶他們重回大湖溪。

進入大湖溪並不容易，需要扛著小船步行走過一段崎嶇的山坡，穿過茂密的芒草叢。由於朱耘禛與鐘心妍同學依舊想拍攝大湖溪的紀錄片，我來回進行了二十幾趟田野調查。隨著造訪大湖溪的次數越多，朱耘禛想起小時候父親常帶她到花蓮羅山的鱉溪玩耍，沁涼的溪水也串連起斷裂的童年回憶。

原來一個人會莫名地喜歡某個地方，往往是因為勾起了記憶中美好的回憶。

拍攝紀錄片過程中，孩子回到花蓮尋找家族史，他們回到小時候玩耍的溪流，與大湖溪相互映射。雖然創作形式同樣是拍攝紀錄片，但核心理念已產生了巨大轉變。

孩子對自然環境及家鄉充滿濃厚的情感，溫柔地撼動政府對河川水泥化的決策。（顏廷伍老師提供）

我堅持給孩子最大的創作自由，《田．滿》與《雪隧世代》偏向從外而內進入現場記錄觀察；但從拍攝大湖溪開始，不再是純粹的體驗或探索，而是從地方聯結，回到生命中最重要的記憶。

觀看《給噶瑪蘭的祝福》影片時，隔著螢幕似乎都可感受到溪水的溫度，孩子們乘著充氣船順流而下，捕捉沿途風光。他們訴說父執輩從大自然中享受快樂的兒時經歷，也經由採訪學校老師，從另一世代的口中聽到小時候對於大湖溪的種種記憶。

一條野溪，流過蘭陽平原，也流過老老少少居民的童年。

孩子每隔一段時間就想去大湖溪，那條溪成了他們的朋友。有別於《雪隧三部曲》對於社會議題的明確掌握，《給噶瑪蘭的祝福》思路截然不同，更像是朝內在探索，交織了許多人的童年，並將記憶匯聚於這條川流不息的大湖溪。當記憶找到扣榫之處，人事物和外在環境的關係也隨之變化。

在因緣際會之下，紀錄片拍攝小組帶著河川工程設計師蘇莎琳全家到大湖溪玩耍。當天在拍攝小組帶領下，借用了一艘充氣船，蘇莎琳的孩子玩得不亦樂乎，天黑了還捨不得回家。

也許是那次感受到大湖溪的魅力，加上公民團體努力不懈地溝通、訴說溪流的故事，蘇莎琳推翻了自己原本的設計，全新的河川整治設計圖不僅保留了大湖溪原貌，兩旁的樹林也免於被剷平的命運。

很多改變是因為你愛上這裡，把這裡當作家才會想去保護它。沒有暴力的流血抗爭，宜蘭在地居民用如此溫柔的力量，動搖了公部門的決心，留住了野溪，為噶瑪蘭這片土地獻上最深的祝福。

《既視　澳花紀事》：有些事未必要現在完成

二〇二一年，我執導的紀錄片《既視　澳花紀事》榮獲神腦紀錄片競賽環境生態特別獎，這部作品其實是為學生的未竟之憾所做的彌補。

澳花部落是宜蘭縣最南、最偏遠的聚落，一橋之隔便是花蓮和平村。澳花與和平雖隸屬不同縣市，卻同樣飽受礦業開發之苦。三十年前，礦業法通過之後，礦業者便大舉開闢四周的礦區採礦。根據「地球公民基金會」統計，宜蘭和花蓮交界的和平溪兩岸，礦區總計超過五十個，炸山開礦不只破壞植被地景，地震、落石、塵害、噪音與水患更成為鄰近聚落的苦難。礦業法一日不修法，對土地的傷害便無法止息。

多數人從媒體報導對礦業法略有耳聞，卻很難了解全貌。這個看似艱澀生硬的議題，實則與生活息息相關。上過島記課程之後，有兩組學生主動提出拍片計畫。他們分別來自澳花與和平，雖然切入點不同，但動機皆是採礦為家鄉帶來的痛苦與撕裂。住在澳花的學生想探討當地原住民族的努力及未來，另一位學生想拍攝阿媽位在和平的雜貨店。

這間美麗原始的雜貨店原本安靜地營業，然而，當

北成國小學生因為永安礦場議題，到台北連署及受訪。（顏廷伍老師提供）

礦業者大舉入境採礦之後完全變調了，環境嚴重被破壞，再也沒有觀光客願意前來，生意也一落千丈。

類似的痛苦烙印在澳花、和平居民的生活裡，也讓孩子起心動念，作為拍攝主題。

可惜的是，這兩部意義深遠的紀錄片並沒有完成。

我帶領學生來回和平村礦場，穿梭在轟隆隆的砂石車間，拍攝最真實的畫面，引來家長的關切，他們跟學校投訴，一狀告到教育處。片中部分畫面也因過於「敏感」而被教育處不合理地要求刪除。

面對長官的壓力，我沒在怕！但現實往往不是有勇氣就可以，這個計畫受到太多阻力，最終只能喊卡。

拍攝紀錄片既要天時地利人和，也考驗創作者的心智。當另一組澳花學生進行拍攝時，我發現學生思考深度已遠遠超過同齡生；他們直視土地之痛，累積的內心壓力已超過這個年紀該有的負荷，在花蓮港口部落採訪者林淑照老師當面質疑下，我選擇了中止該計畫。我也意識到，有些事情不一定要在這個年紀完成，完成與否不是重點。

所幸，這件事成為我心中的未竟之事並沒有太久。澳花部落因為三十年前未守住台泥開發案，導致當地人一直生活在有害物質的威脅中。任職於澳花國小的石玉凰老師，面對家鄉環境遭受的傷害。，毅然決然地站出來為家園發聲。她帶領孩子深入地方了解來龍去脈，讓下一代更有意識地面對如何守護身處環境的課題。

《既視　澳花紀事》從石玉凰老師的視角凝視家園的創傷，作為一個被天地滋養的人，每一次抗爭的聲嘶力竭，每一次對學生的循循善誘，無非都是來自對於腳下土地的親近與捍衛。後來這部紀錄片得獎，我仍稱它是學生沒有完成的作品，不應該由拍攝者獨自享有這份榮耀。

記錄是為了共享，而非擁有

從《田・滿》到《既視　澳花紀事》，都記錄了重要的生命課題，如果用島記的方式去思考會發現，這些事情呈現了當代歷史的切面，也因為與自身有聯結，更想要完成這個拼圖。

島記的核心精神究竟是什麼？該如何去理解？為何當代臺灣需要島記？起初有許多同仁以為島記專注於談論白色恐怖，或者一定要繪製阿公阿嬤的肖像。實際上，這些都是自己加諸的框架。白色恐怖記憶只是研究歷史的一種聚焦選擇，而非全部；畫肖像畫的方法很多，不見得要手繪，影音也可以為人和土地立像。事實上，島記課程形式不拘，內容自由選擇，對我來說最大的啟發還是在於共享、共創時代記憶。

早期我覺得《田・滿》是孩子們的作品，這一兩年下來，我不認為自己或參與這部片的孩子們是

■ 顏廷伍老師帶著學生去大安埤山開路，同時記錄民眾保護環境的倡議活動。（顏廷伍老師提供）

「記錄者」，總覺得這個名詞有佔有的意味。我們只是共同經歷了這些事情，沒有人能夠擁有它。甚至，我也改變了學生拍片的想法。原本以為拍片是為了傳達某些東西給觀眾，到頭來才明白，是為了給自己一個機會去提問與探究。

因為島記的關係，我開始讓學生獨自面對鏡頭，留下不公開的記錄給未來的自己。找到自己的過程很重要，很多人佩服我衝撞體制的勇氣與做自己的決心，但我認為每個人都是體制中的一員，體制是社會運轉的齒輪，有新的也有舊的，從來沒有「限制」。我們該問的不是如何有勇氣突破體制，而是為何給自己立下框架，不敢付諸行動？

在長大的過程中，漸漸地，大人們失去了勇氣。多數成人都很難理解「轉型正義」，小學生們在課堂上卻聽得津津有味。而身為大人的我們，怎麼能以自己有限的視角認為孩子無法理解？只因我們作繭自縛太久了。

完成家族記憶紀錄片課程後，慧齡導演進一步邀請我設計「宜蘭在地轉型正義」的創作課程，我毫不猶豫地答應了。

其實，我與一般人一樣，沒有特別勇敢、叛逆，不過是選擇用實際行動走出一條不同的路而已。

起初，同事們對於島記一知半解，如今北成國小已有不少人投身相關的創作課程，包括李易倫老師、朱曉光老師、李宣慶老師、楊孟璋老師、蘇勝祥老師、黃福祥老師、張家豪老師組成「強聯結」。我認為在孩子心中造成轉變，願意跟家人分享，進而影響家庭，就是最好的推廣。

講座分享、網路貼文宣傳、社群交流是推廣島記必經之路，最終理念的擴散與扎根仍奠基於情感基礎。對此，我非常有感。因為島記，我們參與了社區一家的提案而認識了花蓮西富國小，共同獲得「二〇一七社區一家全民社造行動計畫」的雙首獎。

為了與西富國小交流，我跟宣慶老師四處奔走，與北成國小家長籌辦了四天三夜的研習交流，安排西富國小學生住在北成學生家中，由一個家庭接待一位外地學生，跳脫了傳統的校際交流。

就在校際交流最後一天，碰巧遇上花蓮大地震，完全聯絡不上家長，令惶恐的西富學生們擔憂得夜不成眠。北成學生為了安撫年紀比自己更小的西富國小學生，說了一整晚的故事，最後他們才在自己懷裡安然入睡。

交流結束，北成國小老師在火車站依依不捨地揮別，西富國小學生也一路坐車哭著回到花蓮。很難想像校際交流能夠帶動如此強烈的情感，在短短四天三夜中，讓彼此產生強烈聯結，甚至持續發酵下去。

暑假時換北成國小去花蓮拜訪，為了接待這群師生，西富國小還特地與當地「馬佛部落」商議，更改豐年祭日期。西富國小由於人數太少，過去並沒有製作畢業紀念冊，北成國小也全力支援，直接帶著器材到花蓮，為畢業生拍下紀念照。

因為這些真實事件，讓

■ 北成國小與西富國小透過故事交換，建立深厚的情感。（顏廷伍老師提供）

我們感覺島記不是外來課程，而是存在於我們的內心。在這個講求速效、生產力的年代，許多北成國小學生願意花上長長的時間去拍攝一部紀錄片，甚至橫跨了不同的求學階段，十分難得。

身為島嶼上的一分子，你我心裡都有一塊柔軟之處需要被凝視、被關懷。因為情感的聯結與羈絆，個體終將匯聚交織成整體，產生新的力量。而我也始終相信有這麼一條絲線緊緊牽繫，幫助我們溯生命之源，找到安身立命的所在。

北成國小課程紀錄片《記憶的家屋》　導演：陳祥豪

北成國小紀錄片《給噶瑪蘭的祝福》
製作團隊：朱耘禎、鐘心妍、陳佑恩、吳冠霖、劉宇潔

《既視 澳花紀事》　導演：顏廷伍　記錄：王麟堯、朱柏豪

Chapter 7

聽土地在唱歌

採訪撰文　林怡君、林宜家　｜　受訪教師　陳珍儀、莊毅冠

陳珍儀老師和莊毅冠老師兩人皆熱愛傳統戲曲，從中也得到許多創作的靈感。（莊毅冠提供）

久違的上課鐘聲響起，推開眼前這扇門，一所設立在國小校園的社區大學教室映入眼簾。放眼望去，裡面坐滿教室的三、四十位銀髮的爺爺奶奶，參雜著巷口風情的台語問候，瞬間感覺不在教室，而在鄰家的街角門廊。

講臺前是今天的講師，本土語歌謠創作者莊毅冠老師與陳珍儀老師這對夫妻檔。不到五分鐘，毅冠老師幽默風趣的臺風、活靈活現的肢體語言，便逗得長輩們笑聲連連。而第一眼讓人感覺嬌小安靜的珍儀老師，一開口演唱，溫柔渾厚的歌聲不禁讓人懷疑背後偷裝了音響。不知不覺之中，三個小時的社會關懷課就在兩位老師的故事與歌聲中飛逝而過，看著爺爺奶奶們意猶未盡、依依不捨的樣子，就能知道這對夫婦的魅力有多大。

唱自己的歌

在與島記課程相遇之前，毅冠老師與珍儀老師便經常在高雄大樹進行校園巡迴演出，是頗為知名的藝術文史工作者。他們將地方記事化為樂曲創作，再帶著承載故事的歌曲走入人群，使記憶更朗朗上口，恆久流傳。

「我覺得，稱讚一個人很會唱歌和稱讚一個人的歌讓人很有感覺，是完全不同的事。」回想這些年來持續創作，將故事結合音樂的緣起，氣質柔美的珍儀老師聊起心中深切的感受：「一個音質不好的人，也可以把歌唱得動人，這種感動可以留存在心中一輩子。但是讚嘆一個歌手技巧很高超，可能只是瞬間的感覺。」

回顧這些年的創作，音樂系出身的珍儀老師，求學過程中接觸的都是古典西洋樂曲，某天她看著母親，忽然萌生一個念想：「何不來做媽媽也聽得懂的歌曲？」

莊毅冠老師和陳珍儀老師於大樹文史導覽活動「大樹真 gâu 唱」，結合歌謠和地景，讓參與群眾更認識大樹。（莊毅冠提供）

「隨著年紀越長後發覺，真正會留在心底的是感動，而不是絢麗的歌唱技巧或是通俗的旋律，因為音樂裡有我的故事。」珍儀老師說。

回過頭來研究自己家鄉的樂曲後，像是命中注定一般，她遇見了「臺灣風歌謠創作傳習班」民謠創作社團，開啟了她用臺語創作的第一步，同時也認識了臺灣本土樂曲中最具代表性的歌仔戲。

「你生活在這個地方，不能只會唱別人的東西，世界上厲害的聲樂家那麼多，怎麼唱出自己的樣子？但唱自己家鄉的歌，真的是只有生活在這塊土地的人才能做到的事情。」

毅冠老師開玩笑地說，當初會接觸歌仔戲，是因為總被女友嫌棄不懂女人心，心一橫，就把自己丟到全是女生的歌仔戲社團。這個看似搞笑的原因，促成了毅冠老師接觸傳統音樂的契機。然而，真正開始創作，則是在回高雄大樹工作時，為了展開人生新的里程碑，於是加入「南方薪傳歌仔戲團」與鳳山社區大學臺文寫作課程，開始用臺語創作。

「學生時代我也幻想過要創作寫詞，但不知道為什麼，總覺寫出來的東西少了一味。」毅冠老師操著流利的臺語說著：「直到接觸歌仔戲，嘗試用臺語創作才發現，對啦！用臺語才順啦！」

就這樣，夫妻檔很有默契地用最在地的語言，創作最親近人心的歌曲。

兩位老師面對的聽眾從七、八歲的孩子到七、八十歲的爺爺奶奶都有，年齡層分布很廣。如何將音符轉換成動人的故事，就來自於使用對方熟悉的「年齡語言」。舉例來說，珍儀老師會在一些樂曲創作中適時地加入歌仔戲元素，比如〈無水寮〉這首歌加入歌仔戲中〈吟詩調〉的片段，讓長輩聽了產生一股彷彿見到

■ 於大樹區各里辦理「歌謠大樹」活動超過十場，圖為在樣腳社區活動中心與社區長輩合影。（莊毅冠提供）

老友的親切感。而當對象是小孩子的時候，則會適時地運用疊字詞，例如歌詞〈弓蕉彎彎笑咪咪〉，就營造出令人朗朗上口的可愛情境。

「臺語」為臺灣近代早期最多人使用的語言，歷史涵蓋近四百年，別說七聲八調，只要音韻微微變化，含意就完全不同，隨著區域發展後，更成為在地軟實力指標之一。觀察兩位老師的作品就會發現，題材小至青春初戀，大至社會議題，臺語是關鍵。

「臺語最有感情啦！」毅冠老師總結地說：「有的情緒真的要用臺語才有感覺，不一樣的用詞，就會有不一樣的力道，甚至能想像出表情和姿勢。」

「而且講臺語是我能順利做田野調查的武器。地方上的老人家誰跟你講國語，有些學者、研究生一開口就講國語，老人家聽不懂，也沒辦法表達他想講的，怎麼能夠跟你多聊？」

「說對方聽得懂的話是第一步，還要會用當地的俚語聊天。一樣是形容抓魚，如果你說出『抛（pha）魚』（意指用漁網抓魚），人家馬上覺得你是自己人。」

說的讓人懂，唱的讓人有感，就是夫妻倆最想做的音樂。

用音符譜寫土地之聲、家族之情

高大的身材、熱情爽朗的笑容，加上一口流利臺語，毅冠老師全身散發出一股國民女婿的氣質，到哪裡都能與當地居民打成一片，在長輩間有著爆棚的人氣。

本著對家鄉土地的熱愛，以及對文化歷史的興趣，回到高雄擔任公職之餘，他投身故鄉的地方文史協會，幫忙做在地史料的蒐集。為了挖掘第一手史料，常常一個人到各處廟口、柑仔店（雜貨店），與當地耆老天南地北聊成一片。不只當地鄉野傳奇，連誰家小孩昨晚被「修理」的情報他都能掌握，常常聊著聊著，一回神，天都黑了。

這些蒐集而來的傳奇和趣聞軼事，當然不只是茶餘飯後的話題而已。不管親情、個人傳奇、農村困境、國家大事，自然而然都成為毅冠老師詞曲創作的靈感來源，阿公阿媽們也很開心自己成為歌曲主角，沒有比這些有趣活潑的詞曲，更能恰如其分表現土地的靈魂了。

在因緣際會之下，珍儀老師與毅冠老師承接了國內資歷最深的臺灣民謠推廣者簡上仁老師的精神，正式創立「臺灣風歌樂集」，至今集結二十多名核心成員，專注於記錄這片土地的故事，進而創作臺語歌謠。他一方面希望能藉此突破臺語的草根感，提升臺語的文學性，另一方面也希望藉由歌曲創作，讓文史議題能被社會大眾傳唱。那些曾發生的事件不再只是書本裡的文字，而是有抑揚頓挫、高低起伏的生命力，宛如先民們耕耘過這片土地的熱血。

經過幾年能量的累積，兩位老師受邀在鳳山社區大學開設「臺語歌謠創作」課程，教導長輩創作歌曲。有趣的是，大人對於音樂創作反而是非常沒有自信心的，有著「不懂音樂就不能寫歌」的包袱，這個時候最重要的是讓他們相信創

鳳山社大開設「臺語歌謠創作」課程，教導長輩創作歌曲。
（莊毅冠提供）

作是一種本能，跟你有沒有學過樂器、音樂課成績好壞，一點關係都沒有。只要臺語說得順，就是創作臺語歌最大的優勢。

珍儀老師笑著說：「我都拿毅冠當例子啊！他從來沒學過音樂，現在也能創作出這麼多好聽的樂曲，不是嗎？」

「我的歌讓珍儀唱出來，那就是好上加好了啊！」毅冠老師在一旁說得甜蜜。

課堂中，一名擔任看護的學員初期因為完全沒有音樂背景，每次上課都很緊張。但她很樂於講故事，也擁有很多題材，不斷練習後，發展出非常豐沛的創作能量。也有學員以大貝湖為題，追憶自己年輕時的故事，激發她邀約少時友人舊地重遊的念頭，就如她在創作中所寫的：「流過九曲橋彎彎曲曲，親像這條人生路，湖頂水鴨來陪伴，一路搖搖，到對岸。」

有位學員是手工精湛的皮雕師傅，以蝴蝶寓意生命的蛻變與美好，「擛著少年的葵扇，飛來飛去無定時，青春按呢來，青春按呢去，輕輕飛過無意，越頭搜揣無物，你欲去佗位。」像是用親切的呼喚，誠心祝願好友能夠珍惜時光，實踐夢想。

「我們常跟學員說，也許這輩子都不會得到金曲獎，但是為自己的人生留下最重要的歌曲，這不是很有意義的事嗎？」

寫下自己的感動，是兩位老師創作教學的核心。為什麼我們聽到一些歌曲會有感動，是因為內心有些地方被觸動，創作就是如此。只有你自己被感動了，才有可能感動別人。

同一片土地滋長的歌謠，充滿共感的力量，值得好好傳唱下去。

志趣相投的人們總會在冥冥之中被無形的

拜訪大樹區姑山里中太平歌陣和鳴社的最後一位長輩莊天綿老先生，因而採集到和鳴社獨有的農人經營歌曲。（莊毅冠提供）

力量牽引，與「島嶼的集體記憶」課程的相遇便是如此。

在朋友介紹下，珍儀老師遇見同樣努力留存過往的一群人，彼此惺惺相惜。受到島記感動的她，決定將理念帶進自己國小的音樂課程當中，教孩子訪問爺爺奶奶或長輩最喜歡的歌曲，並且為他們學唱一段。

看似簡單的歷程，對小孩來說可是一點都不容易，光是訪問，就要從怎麼禮貌地跟長輩問候教起，更別說小朋友還有跟長輩之間國、臺語轉換的困難；常常講到他們終於懂了，一節課就沒了。

但是，看著五音不全的孩子們為了長輩，一字一句地練習臺語歌，那畫面真是說不出的可愛。也有家長十分認同這項作業，「叫著我，叫著我，黃昏的故鄉不時咧叫我……。」現在全家都會跟著唱〈黃昏的故鄉〉，彷彿家族主題曲一樣。

用音樂記錄時代的軌跡

身為家鄉文史協會的一員，毅冠老師一直自詡肩負傳遞歷史的責任，希望讓更多青少年認識所處的家鄉。因著過去的校園活動多半是課堂口述，文史書籍講座也常因為沒有共同的記憶點讓年輕人感覺枯燥，小朋友們更是理解有限。

於是，夫妻倆實驗性地將樂曲創作教學帶進課堂裡。雖然一開始非音樂科班的毅冠老師擔心專業不足，但教學經驗豐富的珍儀老師懂得引導孩子學習，因此他只要專心地講歷史故事，一人說，一人唱，把課堂的氣氛炒得相當熱絡，原本的擔心也頓時煙消雲散了。

「現在這個時代，大家很少聚在一起說過去的事情了。」

「孩子對自己生活的土地所知太少，長大以後沒有感情的底蘊，彷彿住在哪裡不重要，有便利超商就能過活，人際關係變得冷漠。當我們踩在同一片土地上，卻沒有相互理解，怎麼會覺得家鄉跟自己有關聯呢？」珍儀老師感慨地說。

「所以，我們很希望能為自己的這片土地多做點什麼啊！」毅冠老師接著說。

也許有些人會質疑這與一般島記課程不同，但追本溯源，島記課程的核心精神，就是藉由藝術創作將家族史內化後，產生認同。因此，文史歌謠也是一種島記。大家一起努力，讓歷史不只是別人的事，而能真實保存家族的共同記憶，讓這些故事因創作再生得以生生不息地傳承、延續下去。

從低年級開始，一邊加強孩子們對臺語的熟悉程度，一邊培養學生訪談的能力。隨著年級增加，孩子漸漸能夠主動用臺語探訪他們的長輩及家鄉故事。

二〇二一年，珍儀老師在課堂上教唱自己編的〈高雄特產水果〉歌曲，再和課本中介紹的古典音樂家德弗札克的知名樂曲〈念故鄉〉做結合，讓小朋友訪問長輩家鄉在哪裡？有什麼景色？有什麼特產？後來為什麼會離開家鄉？……提出一連串問題。

雖然有些孩子交回來的訪談內容差強人意，其中不乏令人驚豔的回饋。有些長輩來自舊時的高雄市前金區，古早時候前金區還有菱角田，並不像現在高樓大廈林立；有長輩說他的家鄉在「援中港」附近，當時附近全是農地，對比如今的鋼鐵森林，真是天差地遠！也有長輩笑說，以前務農，都是看氣候再決定要種什麼作物。看天吃飯的結果，就是不敢說有什麼「特產」。

有些孩子的長輩從離島搬遷來，因此特別懷念小時候與臺灣不同的生活環境。最讓珍儀老師印象深刻的是有位孩子不但交回訪談逐字稿，還交回訪談錄音檔。音檔裡，孩子因為好奇，多問了奶奶一句：「為什麼會離開家呢？會想家嗎？」奶奶則道出舊時代女人出嫁後，由於習俗不能回家的心酸。如果回娘家的話，會被街坊鄰居說閒話，就算想家也不能回去，只能含淚忍耐著。

聽到這段話的孫子這才驚見舊時代的性別觀與女性地位的困窘，對於課本所寫的內容有了更深一層的體悟，對現今社會上性別平等的觀念，也有了更多的珍惜。

弓蕉彎彎　詞曲／莊毅冠

弓蕉彎彎笑咪咪　水蜜桃面皮紅記記
三號仔王梨酸微微　玉荷包膨皮肉甜甜
棗仔脆脆皮青青　龍眼垂垂殼金金
珍珠芭樂生肥肥　聖女柑仔蜜徛婧婧

這首歌詞運用可愛的疊字，表現出臺語特有的餘韻美感，並且利用水果的顏色、形狀、口味等，透過童趣又充滿想像力的方式，帶領孩子們認識自己家鄉的名產。

五分仔車　詞／莊毅冠　曲／陳珍儀

五分仔車　沓沓仔行　細漢褪赤跤　逐車抽甘蔗
五分仔車　沓沓仔行　載阮阿兄　都市去拍拚
五分仔車　遠遠無看影
阮阿兄　阿母的心肝
你講阿母的圓仔上好食

你講冬節的透早　你欲轉來食
五分仔車　遠遠聽無聲
五分仔車　沓沓仔行
佇塔內　有你的名
恬恬停佇遐
五分仔車　沓沓仔行
阿母和我會來共你看
佇三節的透早　陪你來講心聲
五分仔車啊五分仔車　遠遠無看影

旗尾線特有的五分仔車因其嬌小的體型被戲稱為「小火車」。自一九一〇年日治時期開始營運，從九曲堂火車站途經龍目站（大樹境內）、旗山站（昔日蕃薯寮站）、旗尾站（旗山糖廠）至竹角頭站（美濃境內），共計三九．四公里。車上乘載著臺灣出口舉足輕重的農作物，還有那一群群離鄉打拚的遊子們，最終在一九八三因時代變遷而謝幕，只剩下由近而遠的鳴笛聲，存留在那些偷摘甘蔗的回憶中。

駛去的車上載著遠行工作的哥哥，冬至那天，為了回鄉的孩子，母親一早搓著湯圓。那天，依舊往來行駛的五分仔車，一如既往的早晨，不一樣的是，再也聽不到哥哥回家的招呼聲。

我親愛的哥哥呀，往後，思念你的時候，我會陪著母親靜靜坐在軌道旁，看著漸行漸遠的車影，行過你長眠的地方，就像那天看著你啟程一樣。

阿公的舊鐵橋　詞曲／陳珍儀

毋通提起毋通提起你的名字
你是彼張相片，四界攏揣無的景緻
毋通提起毋通提起你的過去
阿媽彼滴珠淚，無人會當共伊安慰
你離開幾十年毋捌熟似你
一聲電話𤆬（tshuā）阮來淡水溪邊
踮在溪邊敢若看著你

敢若看著你
你鼻著甘蔗氣味　閣有旺來甜
我聽著喇叭聲音　看眾人來去
你徛佇溪水頂面　像彼張相片
我看著紀念碑　有你名字
啊　阿媽毋知影的過去
攏佇舊鐵橋頂
佇舊鐵橋邊

在高雄大樹區連接屏東的方向，有一座肅穆宏偉的大鐵橋沉靜佇立著，在百年的歷史歲月流轉中，它曾見證了高屏地區的繁華。慶幸的是，它並沒有被時代給遺忘，背後流傳了這麼一段故事。

日治時期，大鐵橋的監工技師飯田豐二在舊鐵橋完工前一年因為積勞成疾，病逝於臺灣，成了妻子與家人心中難以言語的痛。幾年後日本戰敗，讓全日本陷入一股低氣壓氛圍，面對家中幼兒對爺爺的好奇，家人們更是三緘其口。得不到答案的孩子，只能看著爺爺留下的建築設計圖，猜測著從未謀面的爺爺離家在外的故事。

這個疑惑在爺爺過世九十三年後，因為一通來自臺灣的電話邀約，有了續集。飯田豐二的孫子們帶著爺爺唯一留下的設計圖來到臺灣，代替爺爺見到了他留存在世上的作品。看著臺灣人因感念他而建立的紀念碑，飯田家子孫們的心中是無比的驕傲與感謝。

「我們會一直做下去吧！歌曲能傳達的東西太多太多了。」訪問最後，珍儀老師說。

將故事入歌，經由大人、小孩的傳唱，時代的經歷也被牢牢記住。就算不唱，也請仔細聆聽吧！那些流傳的文字化成詞，那些簡單的旋律譜成曲，讓平鋪直敘的歷史有了蜿蜒的聲音，在風裡、在歌裡，在想為這個土地做些什麼的人們心裡，迴盪著。

莊毅冠老師、陳珍儀夫妻合唱自創曲《昭地仙》，描述大樹區傳奇人物林昭地先生

Chapter 8

將記憶串起，成爲我們

採訪撰文　李微潤　|　受訪教師　新北市教師共備社群、高雄女中劉癸蓉老師、勝利國小李思瑩老師

■ 華新街味自慢的在地故事。（新北市家庭教育中心提供）

遇見島記，點燃星星之火

二〇一九年到二〇二二年，一群來自臺北市與新北市的老師，一起執行了「島嶼的集體記憶計畫」。三年多來，這群從國小到高中總共十二所學校的老師，每月聚在一起參加研習講座，共同學習、討論、分享經驗，再回到各自的學校推動島記課程。長期累積之後，他們將各校實踐島記課程的成果集結，分別在二〇二〇年與二〇二二年舉辦名為《厝味鹹酸甜》與《祖孫逗陣──足厝味》的跨校聯展。

這個過程需要大量整合與溝通，是全臺少見的島記案例，時常被人好奇地追問：「為何這一切能夠發生？」

奇蹟，有時候是從點燃心中的一個念頭開始的。

幾乎在所有受訪老師口中，都會提到一位關鍵人物──吳明修老師。

二〇一九年，明修老師被借調到新北市家庭教育中心（以下簡稱家教中心）服務，主要任務之一是籌辦祖父母節。以往，祖父母節是為期一日的大活動，家教中心會在當天召集兩百對祖孫到棒球場看棒球，現場鎂光燈閃爍不停，十分熱鬧。

明修老師接手後，內心突然萌生出一個想法：能否跟學校課程結合，不做一日大活動，而是拉長時間，擴散族群，加深參與者的感受。

原本只是一個模糊的概念，明修老師找了一些新北市的老師討論後，認識了「島嶼的集體記憶課程計畫」，因而有了方向可循。

得到當時家教中心曹孝元主任的大力支持之後，他們積極奔走，邀請高雄島記核心團隊和有島記經驗的新北市老師們，規劃出一系列共備研習。大家分享各自的島記課程，觀摩彼此實踐島記的多元方式，吸引了有意願接觸島記的雙北市學校的老師們共同參與這個計畫。

「先讓這把火燒起來！」明修老師沒有讓念頭一閃而過，而是積極向外尋求資源與協助，一些志同道合的老師們也紛紛聚攏。

「祖父母節的初衷，是希望孩子們可以多與長輩互動，一次性的單日活動有點可惜。」孝元主任與明修老師的想法不謀而合。從事教育工作多年，他觀察到現在的孩子習慣向前、向新的東西看，但島記是向後、向內觀，往內看到自己的父母親，也看到自己如何被家族影響。教育的目標是希望讓孩子有更好的未來，而這個計畫能夠讓孩子學習許多受用一輩子的能力，例如與他人建立關係。

一位中研院學者曾與孝元主任分享，建立關係的能力是極其珍貴的，如果一個人有能力跟別人建立關係，會活得比較自在快樂。

參與計畫的許多老師們都有希望透過島記實現的初衷。三重高中的曹晏婷老師從小在蘆洲長大，在三重也住了十幾年，她問當地的孩子：「三重有什麼？」，

新北社群共備前往三重空軍一村共備課程，老師們童心大發，在眷村的地上用粉筆書寫自己學校的名字，這也是夥伴學校齊心齊力的印證。（新北家庭教育中心提供）

常常得到「八加九」的回應。

三重離臺北很近，許多住三重的孩子會越區去臺北市的國高中求學，畢業後在臺北市工作。在三重人的內心，總覺得自己位於半邊陲地帶，有些自卑。

晏婷老師想透過島記課程讓孩子明白：許多中小企業的起源就在三重，例如黑膠唱片最大產區在三重，這裡有果菜市場也做皮件。很多努力的長輩們胼手胝足，讓家庭、家族在這個城市源遠流長地生存下來。

在一些孩子的眼裡，看到的是做黑手的阿公阿媽蒼老、骯髒的雙手。晏婷老師努力翻轉孩子們的想法，知道長輩們在做什麼，因而心生驕傲。她希望將這股力量從家庭慢慢擴展到社區，讓孩子們都能大聲地說：「我是從三重來的。」

蘆洲國中的陳玉綸老師與校內其他老師多年前便組成團隊，一起規劃課程，推動島記。他們帶著孩子走進社區，去看三年一次、蘆洲人為了感謝國姓爺的庇佑而舉辦的「國姓醮」，全臺灣只有蘆洲有這樣的「報恩醮」。他們也去認識蘆洲的神將文化，神將即為神明的部將，神明出巡遶境時，神將就在兩側護駕。

蘆洲有「神將窟」的美名，是全臺灣神將最多的地方，蘆洲從開基八大神將發展出兩百多個神將；此外，這裡還有北臺灣最早的天主教堂、馬偕博士在臺灣建立的第四座基督教教堂，宗教文化相當多元化。

玉綸老師帶著孩子一步步去思考宗教與蘆洲的移民社會、經濟發展之間的關係，也帶著孩子探訪蘆洲傳統產業。以前每三個臺灣人腳下的木屐，有兩雙都是蘆洲人製造的，還外銷到日本。

蘆洲連一碗切仔麵都有故事，學生們感受到蘆洲的有趣和豐厚底蘊，逐漸對自己生長的土地有感，這就是校內團隊與玉綸老師希望帶給孩子的記憶。

許多參與共備研習的老師，在過程中因為想起與自己的阿公阿媽相處的記憶而當場痛哭。他們想透過島記為孩子帶來什麼，他們知道自己所做的，能幫助孩子留下現在不記錄，以後就沒有機會留住的珍貴回憶，所以每個老師都絞盡腦汁、不畏辛苦地投入島記的行列。

「島記要怎麼做呢？」是許多老師第一次接觸島記的問題，孝元主任與明修老師舉辦了一場又一場的研習，陪伴老師們從不同面向解開了這個疑惑。

蘆洲國中的玉綸老師，是新北社群裡最早接觸島記的老師。二〇一七年，玉綸老師參加學思達舉辦的年會，聽到李思瑩老師分享高雄教師們正在做的島記。演講結束後，行動力十足的玉綸老師立刻找上思瑩老師，邀請她來學校跟社會科領域的老師分享島記課程。

玉綸老師像追星一樣，追著思瑩老師在國內的演講行程，也帶同事去聽，想讓更多老師知道島記是什麼？為什麼要做島記？接下來，她再次邀請思瑩老師和其他老師來學校演講，分享做島記的經驗。這次對象是全校老師，加起來快要兩百位，舉辦了一整天的活動。

「兩百個老師之中總是能中個五、六個吧！」玉綸老師種下的種子，後來真的開出花朵來。一群腳踏實地的老師們以自己的方式實踐島記：例如一位老師在表演藝術課教學生們訪問阿公阿媽、拍片剪片，為影片上字幕，花了好幾個月的時間，校慶那天以「蚊子電影院」的形式發表。

這群教師默默而低調，是因為一步步都是嘗試；一開始他們心裡難免有疑慮，擔心鼓勵學生挖掘家中的故事會被認為是冒犯隱私的行為。玉綸老師耐心地居中協調，告訴他們：「可以讓學生根據意願說自己的故事就好。」因此，不用立馬挖掘故事，先運用牌卡或色彩呈現自己的內心，讓孩子慢慢接觸島記的概念；不必要求孩子問家裡的故事，但要問家長自己的名字是怎麼來的，希望讓孩子透過名字了解爸媽給予的祝福。

沒辦法找到家長問問題的孩子們，可以轉而提問：「以後如果自己成為家長，會希望幫小孩取什麼名字？希望這個名字能為孩子帶來什麼？」

島記課程希望讓孩子感受到家的溫暖，執行的每一步其實都替孩子做好考量，謹慎地進行著。

一位老師做島記有一種島記經驗，一百位、一千位老師做島記，就有成千上百的島記經驗。孝元主任與明修老師找來島記的先行者，讓北部的島記有路可循、循序漸進。參與研習的老師們發現，原來幫助孩子開啟互動的方式這麼多，例如肖像畫，即使沒有對話，一筆一筆勾勒之間，彼此的關係也拉近了！或是找阿公阿媽小時候喜歡的東西、邀請他們去想去的地方，因應不同個性的孩子，都有適合的島記切入方式。

研習像是工具庫，參與計畫的雙北老師們得到工具後，分別在自己的學校發展島記課程，並且在板橋435藝文特區舉辦跨校聯展《厝味鹹酸甜》，發表了第一年的島記課程成果。

忙完第一屆展覽，老師們雖然一身疲憊，但又迅速重整旗鼓，進一步將主題擴大到社區，不只幫助孩子了解祖父母，也讓他們了解祖父母花了一輩子耕耘、落地生根的土地。

明修老師這時又為老師

■ 在古蹟裡展示蘆洲孩子的作品，就像踏著青春的步伐，輕輕地跟老房子說話——《讀記憶 閱光景》展覽。（陳玉綸老師提供）

■ 新北社群到蘆洲保和宮共備，感受宮廟文化之美，並探討在地故事。（陳玉綸老師提供）

們的熱情「添柴加火」，邀來已在高雄女中執行兩年社區走讀課程的劉癸蓉老師，一個月一次北上，在研習裡陪伴老師們執行。

癸蓉老師帶著高雄女中的學生，一學期進行一個島記主題，像是帶領學生們走進鄰近學校的鹽埕老街，訪談開業五十年以上的老店。這讓北部的老師們十分好奇：「這麼龐大的課程要怎麼操作？要如何把孩子帶出去？如何在緊湊的課程與有限的時間內執行訪談與跨校交流，還要將成果化為藝術創作？」

「其實我不覺得自己是顧問，我們只是一起共備、一起討論、一起提供意見。」癸蓉老師每個月北上，都會跟島記老師們分享自己的最新課程、執行進度和成果，也提供學生的作品給大家參考。而北部的老師們也會分享自己正推動的島記社區課程，大家一起走讀社區，分享彼此眼裡觀察到的課程著力點。

有句話說：「集結一個村莊的力量，可以養一個孩子」，而

■ 新北島記跨校共備，與蘆洲相遇。（新北團隊提供）

雙北開始深入社區的島記課程，則是集結了臺灣各地老師的心力。走在前頭的癸蓉老師，帶給雙北老師們很多想像，他們也用自己的方式完成島記，創造出多元獨特的成果。

「如果全臺灣的老師都可以帶孩子一起認識、深耕自己的社區，或許真的可以為臺灣留下一些什麼。」懷抱這樣的想法，這群老師們不分你我地將各縣市的島記夥伴互相串連，無私分享經驗。

大家因為有共同目標，給予彼此鼓勵，相互陪伴前進。而新北家庭教育中心就成為老師們的後盾，給予經費與行政上的支持，緊緊凝聚了打造奇蹟的力量。

為什麼老師們會願意在繁忙工作裡抽出時間，一月一次聚在一起參加研習課程，並且還持續逾三年，「夥伴力」是關鍵。

俗話說：「一個人，走得快；一群人，走得遠。」這群北部的老師把路走得又遠又快。每位老師所設計的課程，都能成為彼此的支持和動力，激盪出更多火花。

蘆洲國中玉綸老師分享島記心得：「不孤單就是一種力量，參與的老師或學校都知道自己不是一個人走在島記的路上，大家一起學習、一起努力在島記課程上發掘更

■ 第一屆祖父母節展覽，孩子現場導覽青花瓷盤和傳家菜食譜，「燴」出一道道美味，拼貼一張張「佮你綴著著」的生活印記，洋溢著濃郁的祖孫情。（新北社群團隊提供）

多可能性，一起精進，做出更好的成果，讓更多人看到島記的美好。」

在社群研習裡常發生這樣的事情：老師們分享著自己正在做的島記，也被別的老師做的島記感動，知道「原來不只我認為這樣的事情很重要」、「原來不只我願意為了這個價值去努力」，這種相互感染的夥伴力讓人倍感溫暖，也加添更多的信心和能量。

實踐島記課程，將課程成果策劃成展覽不容易，將來自不同學校的島記課程成果策劃成展覽更不容易！北部島記社群舉辦的祖父母節跨校聯展，一辦就是兩屆。從課程到展覽，第一屆師生只花了一年的時間籌備《厝味鹹酸甜》，參展學校包含蘆洲國中、柑園國中、中和國中、三重高中、碧華國小、石碇高中、麗林國小、桃子腳國中、和美國小，作品類型包括畫作、瓷盤、影片、木屐、明信片等，以「家庭走向社區」、「幼年到長者」及「過去到未來」作為展覽主軸，交織連結出祖孫之情。

平常參與島記課程的學生成為展場的假日導覽員，為民眾解說作品背後的故事。三重高中的林可樂同學便畫出阿公在自己開設的建材行裡工作的模樣：「阿公挑選磁磚時不需要思考，總是能從一堆磁磚中挑出和房子最搭配的款式。阿公教會我很多東西，我的美感也是在阿公家觀察練習出來的，現在阿公老了，不能常常勞動，換成我陪在他身邊。」

第二屆改成雙年展，讓籌備過程更有餘裕。二〇二二年在新北市政府展出《祖孫逗陣——足厝味》，集結了瑞濱國小、中和國中、蘆洲國中、柑園國中、石碇高中、三重高中學生的作品。他們將思念的家族容顏繪於紙上，將家傳家常菜彩繪於瓷盤上，復刻長輩童年記憶裡最難忘的一道菜。全校師生傾盡全力，展開跨科合作，陪伴孩子以創作形塑臺灣的集體記憶。他們將學生與阿公阿媽互動的溫暖故事繪製成四格漫畫，為守護土地的茄冬樹創作劇本、繪製皮影戲，有溫度的創意源源不絕，觸動了觀看者的內心。

第一屆跨校展覽舉辦前，老師們專程前往臺南向策展專家吳科毅老師請益，學習如何策畫令人留下深刻印象的展覽。師生費心蒐羅舊碗櫥、舊餐桌、舊沙發，極力營造出阿媽家的溫馨感。如何準確預估展出的作品量、選擇展出的作品也是一大工程。

晏婷老師回憶，蒐集完作品後，老師們與廠商共同在校內把所有作品攤開，一起發想：哪些要大圖輸出、哪些要複印、影片部分該如何處理、需要哪些布置道具，經過漫長的討論才漸漸描繪出展覽的雛形。每一份作品可說都是包含學生的用心與家長的期待。

第一屆祖父母節展覽時，總是有未能展出的遺珠之憾，主辦展覽的單位與老師們努力與各校師長溝通，打破校與校之間的藩籬，將作品整合在同個展區中，完成了一場有滋有味的展覽。

有了第一次展覽與長期研習共備所累積的教學資源，大多數學校都願意再次參與，給予學生更多發揮的舞臺。

第二屆展覽秉持著「以學生作品為核心」的概念進行。考量到展區來往人潮和曝光率，擇定於新北市政府的大廳展出，展示形式改以校為單位，讓各校教師更能自主規劃作品展出。

「展覽當天，看到學生和祖父母同時出席，講著家庭和在地的故事，讓人很感動。」晏婷老師回想起來，對展覽情景仍然印象深刻。

「現在不做，以後就沒機會做了。」明修老師說。

開展前幾天，有位受訪的阿公去世了，但是孩子因為島記課程與展覽，有機會在訪談過程中了解阿公的生平，用繪畫記錄下阿公喜歡的事物，也為自己留下了寶貴的回憶。

現在，北部的島記課程不再與祖父母節結合，仍然別出心裁。三重高中開始在校園復育以往占有土地歷史中一席之地的秀英花；校內美術老師畫下從三重角度觀看臺北的樣子；國文老師為圖寫詩，做出〈清明上河圖〉三重版；坪林國中帶著學生在自己的家鄉訪問耆老，了解家鄉的採茶產業，從家族記憶擴展到地區記憶；位於貢寮海邊的和美國小師生組成踏查隊，訪問漁村裡的獨居老人。

「執行完計畫後，孩子明顯增加了關懷別人的能力，知道怎麼表達情緒。」孝元主任對這樣的改變感到驚喜。

策展的箇中滋味何止酸甘甜，這群老師們本著初心，希望幫助孩子們理解家族與土地的珍貴，他們所付出的努力也一點一滴地化為溫暖的養分，灌溉著這片芬芳的土地與人們。

＊新北島記社群：新北家庭教育中心 曹孝元主任（現任新北市政府教育局特殊教育科長）、新北家庭教育中心吳明修承辦人（現任新北市重慶國中教務主任）、新北市家庭教育中心承辦人卓惠玲輔導員、高雄女中劉癸蓉老師、三重高中王曹晏婷老師、蘆洲國中陳玉綸老師。

＊曾參與學校：蘆洲國中、柑園國中、中和國中、三重高中、碧華國小、石碇高中、麗林國小、桃子腳國中、和美國小、瑞濱國小、中平國中、石牌國中、龍山國中、青山國中小、佳林國中、淡水商工、永和國中、成州國小、二重國中、昌平國小、金華國中、重慶國中、汐止國中、積穗國中、新北高工。

新北社群島記課程紀錄片《厝味的鹹酸甜》

新北市中和國中孫菊君老師「老物件的深情故事」學習單下載

■ 中和國中學生將家族老物件繪製於瓷盤上。作者：廖延倫、江柏廷、王士鴻、麥定恆、詹定樺、李芯羽、蔡子涵、李璟禧、蔡丞瑀、劉郁岑、歐沛蓉、呂艾芸。（孫菊君老師提供）

老物件的深情故事

Date：

Class：　　　　No.

name：

The Story of My Family Treasure

【說一個關於家族物件的故事】

★說明一：一件藝術作品背後，常常因為蘊含著飽滿情感的故事，而讓作品除了技法之外，更具深刻意義

因此，「故事力」是每個人都需要增強的能力，也能讓寫作文章更精彩。

★說明二：最好的故事素材往往是從「自身」開始。每個人、每個家族，都擁有許多具有生命能量的故事

這個假期，邀請大家在與家人相處時間裡，透過好奇與提問，挖掘關於家族老物件的好故事。

★說明三：這個老物件，必須經過兩代以上的傳承（如：從爺爺一代留給爸爸...，或是媽媽使用過到現在

己也還在用...），在家族中具有「獨特性」，有別於其他東西，有它的意義和價值。

★說明四：請參考以下提問進行訪談與紀錄，並將物件速寫在框框當中，要上色（也請拍照下來）。

Who【訪問對象】

- 稱謂：
- 職業：
- 年紀：

What【物件故事】

- 物件品名：
- 物件擁有者：
- 物件用途：
- 存放位置：
- 獲得經過：
- 特殊意義：

Thoughts【我的感想】

知道這個老物件的故事之後～

- 我的感想：
- 如果要為這個故事下一個標題，那會是：____________________
- 因為：

Chapter 9

寫信去峇里島

採訪撰文　**林怡君**　｜　受訪教師　**邱俐綾**

■ **歐陽同學在峇里島 Sukawati 小學，與筆友相見歡。**（邱俐綾老師提供）

從最初參與慧齡導演的紀錄片拍攝，一路看著島記一步步累積，我可以算是參與島記計畫的元老之一。但是，直到二〇一七年我才下定決心，在任教的竹田國小班級跟進執行課程，這其實都要歸功於慧齡導演三顧茅廬的邀請。

認識慧齡導演多年，雖然有意願設計自己的島記課程，卻因為過於謹慎，很在意自己能夠帶給學生什麼，反而一直沒有付諸行動。最後是導演提議：「既然妳在峇里島有關係很密切的友人，要不要試試與那裡的孩子做跨國交流？」這時，我才決定了方向。一旦確定方向之後，後續的課程目標、規劃策略，就像行雲流水般，信手捻來。回憶籌備期的忙碌，一如所有島記老師的心情，真的要是做自己喜歡的事才堅持得下去。

如同島記的核心精神，訪談家族長輩或庄內耆老，記錄家族、家鄉故事是基礎，讓孩子因了解而產生更多的情感聯結，更能加深自我認同。此外，我任教的竹田國小島記課程多了一個特色：與峇里島的學童通信交流。會想做國際交流，根本想法是發現大家對自己生活周遭的社會文化已習以為常，即使知道有什麼傳統信仰，卻不一定知道緣由，也不會好奇地主動探問。

藉由異文化的刺激，可以讓孩子回頭反思自己生長的環境；為了能向別人介紹自身的文化意涵，他們必須先回頭去了解自己、了解臺灣傳統文化的特色。透過對方的書信，也可以學習欣賞其他國家的文化，看見彼此的異同之處，培養同理心。

跨領域教學不是一件容易的事，學習訪談、寫信都要有國語文基礎，翻譯成英文以及印尼文時更是難！加上內容涵跨社會、綜合、藝術人文等多元領域，又是另一個挑戰。

■ 邱俐綾老師在課堂上教孩子寫春聯，送到峇里島與當地孩子交換文化故事。（邱俐綾老師提供）

你好！筆友

一開始設定每個月寫一封信，內容從個人介紹到家庭，進而延伸到村莊，並結合重要的慶典文化。原本以為時間上應該沒什麼問題，沒想到卻讓所有人忙到焦頭爛額，回頭想想，真的很好玩。

新學期開始，除了讓孩子們簡單認識峇里島外，最刺激的就是抽筆友了。看著那一把攤開如扇的姓名紙條，孩子們好奇的目光蠢蠢欲動，而在老師解釋做法之後，躍躍欲試的心情更是升到最高點！揭曉姓名的一刻彷彿樂透開獎，甚至有孩子說差點就要從位子跳起來。

也許是因為有個具體的訴說對象，而且對方是國外的孩子，讓孩子們感到好奇又有趣，迫不及待地想跟自己的筆友展開交流。大家都很認真地書寫，想要透過信紙說點什麼。

第一封信當然是從自我介紹開始，看著孩子天真爛漫的措詞，這是國小老師專有的樂趣。

同學Ａ：「妳喜歡看書嗎？我不喜歡，我很皮。我在寫信時外面還在下雨，下雨很無聊，因為不能出去玩（附加一個哭臉）。」

同學B：「臺灣有很多小吃，但我是個很挑食的人，所以你喜歡吃的東西，我可能不喜歡。不過，我很喜歡滷肉飯和珍珠奶茶，那你喜歡什麼呢？」

同學C：「我要跟你講我的祕密，我的身高一百六十一公分、體重五十七公斤，你要記住，不要跟別人講喔！」

看看這些例子，相信每位國小老師都很有經驗，改作業的時候千萬不要飲食。

但真正的難題卻是在收集完這些草稿信，準備翻譯成英文的時候。原本頭大的我靈機一動，就教孩子們搭配畫圖，不會翻譯句子的話，找單字也可以，最後加上英文老師的協助才安全過關。看似簡單，這些信卻整整花了一個月才順利寄出。

相信大家從這個課程活動就能猜出，設計者是個擁有舊式情懷的信仰者，而抽筆友、手寫信，不妨用一句話來形容：「等待是一種浪漫。」

幸好一個月一封信的目標，讓孩子們沒有多少精神去注意還要等待多久，每個月的主題接連不斷地上場了。

接著登場的主題是「我的家」。拿到學習單的孩子們看著上面列舉的訪問題目，不少人露出疑惑的神情：「蛤！阿公阿媽還有夢想喔？」「阿公阿媽結婚不是因為愛嗎？他們怎麼會不認識對方？」

「阿公阿媽為什麼沒有夢想？所以才要你們好好去訪問他們呀！」

回來的訪談單超乎想像的精彩，孩子回報訪問的過程也是笑料百出，十分可愛。

「老師！我訪問前很聽話，把事情都做完才去訪問，結果還是被罵怎麼一直問些沒營養的問題……」孩子無辜地說道。

畢竟由於世代價值觀的差異，許多長輩一開始都不大能接受被訪問比較私人的事；另一方面，跟小孩子聊這些話題也覺得尷尬。但是一聽到跟作業成績有關，基於學習的需求，大都能夠配合。

這時候老師會來個機會教育，讓孩子們知道，兩代之間的觀念差異，若是有更多理解，就能有更多包容。

他／她最難忘的一件事？

同學A的爺爺：娶到阿婆，因爲當時用原住民的方法舉行婚禮很有趣。

同學B的爺爺：跟阿婆結婚那天，她很漂亮。
同學C的爺爺：颱風天上班差點被樹壓到，心裡想著家裡的老婆和孩子。

他／她的夢想？
A阿婆：嫁到一個好老公，平平安安過日子。
B阿公：從小就很喜歡看火車，所以小時候都希望長大能開火車。
C阿公：出國旅行認識其他文化。
D阿婆：當演員。

看到長輩們的回答，猶如翻開泛黃的相簿。他們回答的內容雖然簡單，卻餘韻無窮。孩子們這才發現朝夕相處的阿公阿婆，原來有這麼多未知的一面。

設計提問的同時，其實是一種自我觀察與反思，有哪些習以為常的東西，一直被我們忽略？長輩在我們這個年紀時經歷過哪些事？嘗試用不同的角度去看待，想法也會有所不同。

又到了寫信的時刻，這次英文老師決定帶孩子到電腦教室，試著自己用Google

翻譯。大家都知道，中翻英不是簡單的事情，尤其是國小孩子連用中文都不一定能寫好一封信。很神奇的是，他們認真專注的態度令人吃驚；也許是因為期待與對方交流的心情，早已超越面對功課的壓力，甚至在老師安排簡易的印尼文教學時，許多孩子用心地記下單字，並且運用在書信中。

好不容易等到第一封回信，又是另一個令人雀躍的時刻，孩子們的激動明顯地掛在臉上。其實在這個過程中，有的孩子面臨不知該如何表達自己，而遲遲寫不出信的情況。或許就是期待收到回信的動力，以及老師們的耐心陪伴，他們終於勇敢地跨出那一步。

有了回信的激勵，孩子們對後面的交流越發有想法。接下來的主題是「家的味道」，在老師的安排之下，孩子們必須回家向長輩請教一道拿手菜，包括介紹食材、烹飪順序、描述風味，以及喜歡的原因，甚至還要附上學習料理的照片。

一個作業全家總動員，讓不少長輩們碎唸：「怎麼做作業這麼麻煩？」但孩子們在分享時都說好好玩，後續探索傳統節慶與介紹自己的家過年情景的課程，也都比照辦理。

We are put ginger, nine-story tower, garlic, soy sauce, rice
saseme oil dowe speculation.
Smell scent, very attractive, and you?
What is your favorite dish at your home table?
Min han 2017.12.5

竹田國小李明翰同學分享家族長輩的拿手菜。圖為家傳食譜三杯青蛙的材料與作法，別有特色。（邱俐綾老師提供）

這些課程內容實際執行起來並不容易，但我大膽決定在下學期甄選兩名小代表，親自帶他們飛到岢里島過年，體驗全然不同的文化洗禮。

異國交流初體驗

平均一個多月往返一次的書信交流，加上老師時常分享自己在岢里島的生活經歷，早已無限放大孩子們的好奇心。面對甄選計畫躍躍欲試的心情，他們全都毫不隱藏地寫在臉上了。

【臺灣岢里・島之祭】交流學生甄選計畫

甄選方式將分為書面審查及面試，有意願參加甄選者，請索取申請表，並參閱以下資訊，於一月九日早上八點半前繳交申請表，逾時不候。

甄選問題節錄：

一、請說說此交流課至今對你的影響，或分享課後感受。

二、你為什麼想參加甄選？

三、你認為你有哪些能力或特質，能夠在這趟交流活動中發揮？

四、旅途中若遇到因文化差異而產生的不便時（例如沒有自動沖水馬桶、沒有熱水洗澡等），你會怎麼處理或面對？

不誇張！真的就是大學交換生計畫的版本，更驚人的是，孩子們的熱烈回應。

同學A：自從上了這個課，我的英文程度就漸漸提升，我想更深入了解我的筆友居住的環境、信仰、文化習俗。我的表達能力強和喜歡跟別人聊天的特質，可以讓我在跟他們聊天時更加順利。我告訴自己要入境隨俗，遇到問題先想辦法

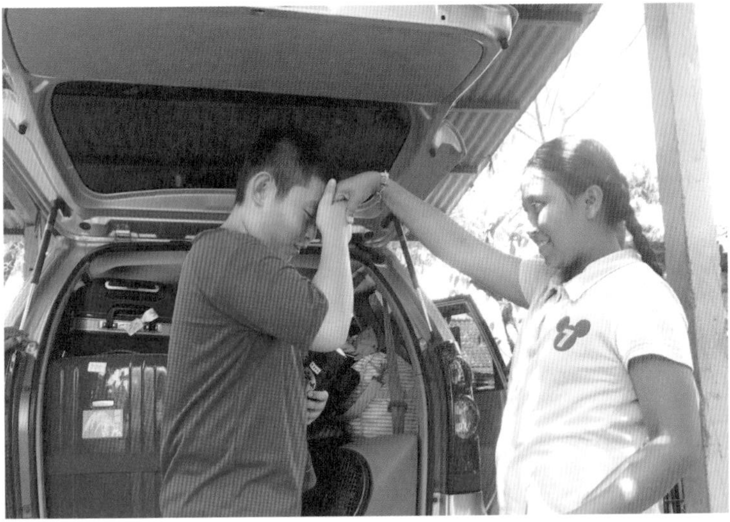

■ 黃耀德同學受到峇里島接待家庭的歡迎。（邱俐綾老師提供）

處理；處理不好的話，我會請求老師的協助。

同學B：以前我從來不敢靠近外國人，但是在寫信後，我發現自己可以寫得很好。我想去峇里島體驗看看生活有什麼不同，也想跟他們說說臺灣的傳統。我健談的特質跟訓練多年的英文，可以讓我們交談得順利。我還有教他們說中文時所需要的耐心跟細心。遇到文化差異我會面對，因為我覺得我朋友能做到的，我也能做到，所以我會勇敢面對。

其實在看見孩子們的回應之前，誰也無法預料，這種不斷刺激、引導孩子主動學習的教學方式，會激起什麼樣的火花。但在這樣的學習環境下，產生了連孩子都能明顯自覺的成長與蛻變。

「來！你來分享一下學到什麼？」我最常掛在口頭上的就是這句話。

出發前夕，兩位小代表的功課是蒐集全班同學的想法，整理記錄臺灣的傳統特色、文化故事等。除此之外，要準備在當地分享的資料，學習在異地生活的技能與知識，還要嘗試自己去買機票。我也叮嚀他們，飛出去之後要隨時記錄當地所見所聞，更重要的是不能耽誤自己的課業。

我問：「要出發了，心情怎麼樣？」

同學：「好緊張喔！不曉得我的筆友長怎樣？」

結果，滿滿八天的行程，一轉眼就過去了。

從最初的害羞緊張到打開話匣子，孩子之間有種奇妙的頻率能迅速靠近彼此，滿滿的好奇心，也輕鬆跨越了語言的障礙。

那一週的時間，我們參觀了峇里島的古蹟建築與傳統文藝活動，也進行製作元宵燈籠及熱門的桌遊遊戲交流。其中有個很可愛的環節，是帶著同學們為自己的筆友準備的紅包信，

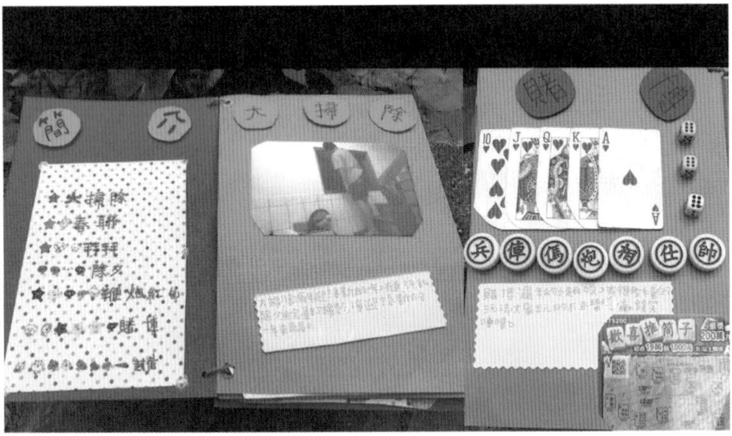

■ 竹田國小張文裕同學介紹過年時的全民運動──博弈遊戲，與峇里島的孩子們交流。（邱俐綾老師提供）

與峇里島的學伴們分享臺灣過年過節的歡樂，甚至換上傳統民族服飾，真正融入當地的節慶氛圍裡。

觀察與體驗當地生活的同時，孩子們學會了對異國文化的理解與欣賞。在祭典的前一天晚上，每個村莊都會舉行龐大的妖怪遊行，他們會在路口停下來表演；若是遇到其他村莊的隊伍也會互相較勁，跟臺灣的廟會有點類似。

當我看著孩子們對不同文化刺激和生活產生同理與共鳴，內心真的很感動。

同學A：「峇里島的過年當天，講話不能太大聲，晚上不能開燈，今年甚至全島網路停用。一開始我覺得有點難過，但後來想想，能夠放下手機和家人聚在一起，是多麼美好的事啊！」

同學B：「我一直擔心自己會因為不適應而吃不飽，但到了當地之後我發現，吃不飽是不可能的。因為這裡有一種用番茄、蝦醬塊和各種辛香料做的醬料，特別下飯，非常美味，我已經將它納入我的靈魂食物清單裡了！」

從孩子們的心得反饋中，也看見這場交流帶來的改變。我在一旁邊真的看到了孩子們透過體驗異國生活，主動去感受與反思自己的生活。

一天夜裡，吃飽喝足後，我們與寄宿家的爸爸Deya圍坐在房裡，聊著家常話題。

也許是聊得入神，總是熱情微笑的Deya語氣微微一沉，提起自己面對生活起伏的心境：「雖然沒有到經濟拮据的程度，但這裡的生活其實就只是還過得下去。有時候孩子學習需要用錢，身為一家之主的我也只能咬著牙表現平靜，請孩子給我一點時間。」Deya接著用淡淡的語氣說：「有時候我也會對孩子覺得抱歉，自己躲到廁所偷偷哭泣。但即便如此，生活仍要繼續，所以在家人面前一樣笑笑地，努力去賺錢。」

十一、二歲的孩子其實已不再是懵懂無知的年紀，他們靜靜聽著Deya說心事，彷彿面對自己家人一樣。

聽寄宿家爸爸Deya說完，我問孩子們：「這裡沒有冷氣會不會不習慣？會不會覺得這裡經濟環境不大好？」

沒想到這些在臺灣沒冷氣就哀哀叫的孩子，反而一臉理所當然地回道：「不會啊！這裡不需要嘛！」

事後，孩子們分享：「我覺得這個爸爸很偉大，他不輕易放棄、為家人努力的精神讓我覺得非常感動！我們真的過得很幸福，我會向他學習，珍惜所擁有的，並開心地去面對每一個迎面而來的難題。」

每個地方都有它的故事，每個人也都有精彩的生命經驗。我們觀察這裡的人們如何生活、如何理解這個世界，並將之記錄下來。我們分享彼此的生活和信仰，介紹自己的家人與家鄉，以及如何透過觀察或訪談長輩，重新認識既熟悉又陌生的社會文化和自己。

八天的旅程很快結束，回程的路上，天暗得很快，Deya 爸爸用帶點口音的英文說著：「不要忘記我們喔，我會越來越老，以後可能記憶不好，會問你：『你是誰？』你就要說：『我是 Sam』、『我是 William』，我就會知道：『喔！喔！是 Sam，是 William！是的！你曾在很久以前來過峇里島，歡迎回家！歡迎回到你峇里的家！』」

無聲的車廂中，只見小小的肩膀強忍住顫抖的模樣。隨著機場越來越靠近，車裡的「雨聲」也越下越大。

回到臺灣後，兩位小代表繪聲繪影地跟大家分享自己在峇里島的所見所聞。有了親身體驗，讓他們更有溫度地分享從其他文化中看見的東西，反過頭來思考，在後續的書信往返中要如何介紹臺灣的美，讓更多人知道。

回想實踐島記一路走來的點點滴滴，最大的動力便是帶著孩子們去發掘生命中被遺忘的日常感動。在進行課程規劃時，看見其他文化對傳統的珍惜與維護，也促使我去反思：「那臺灣呢？」

一個人的生命厚度，來自於對日常生活的感知、觀察與感動，並且從中追尋自我。如果沒有看見、沒有認同，怎麼會知道自己是誰呢？

除了這些啟發之外，我也很感謝許多外在的力量默默推動著島記，尤其是峇里島的這一家人。他們全心全意地接納與陪伴，讓我們的孩子有機會體驗異國文化與不一樣的生活。也正是這份情感連結，讓我決定邀請這一家人來臺灣參加孩子們的畢業典禮時，即使遇到行政手續的阻礙，都能一股作氣地跑完流程。而見到孩子驚喜的模樣，並熱情地跟峇里島的朋友們介紹臺灣文化，當下覺得所有的辛苦都是值得的。

教育是百年大計，許多事情都要慢慢累積才行。我相信真正打動人心的都是實踐出來的，而不是說出來的。

竹田國小林秀玲校長接觸到這個計畫後被其他人的故事深深觸動，回想起自己的母親、阿媽與女兒，毅然決然加入島記行列，開始記錄起與家人之間相處的點滴。

看著校長分享的模樣笑得十分溫柔，我也更加確信：「做著做著，被感動的人就會自己跟上腳步。」

感動會蘊釀出更大的能量。對於投身島記的老師而言，未來會有更多具有共同理念的夥伴加入，讓孩子可以感受到生命有各種可能性。

我很慶幸自己有跟上島記的足跡，親自走過一回後才知道，這一路上的風景有多美。

竹田國小島記課程紀錄片《寫信去峇里島》 導演：陳婉菁

島嶼的集體記憶　詞／林宜家・曲／林聖馨

爐灶上的紅燒黃魚
滷鍋裡的陳香肉燥
香甜可口的綠豆湯
是我們的家傳味道

紅艷艷的琉璃珠串
靛藍藍的客家藍衫
紅彩綠黃的茄芷袋
都是承載親情的時代信號

歷史不只在課本裡
它就在每個人的家裡

阿公阿媽皺紋藏有好多故事
多想讓它在畫筆下盛開綻放

歷史不只在課本裡
它就在我們集體的記憶裡
島嶼的點點滴滴都被傳唱
我們終能見到
這片土地的模樣
*所謂愛的模樣

島嶼的集體記憶主題曲，演唱者：天生歌手合唱團、前金國小管樂班林維滕

附錄　島記大事記

2007～2021年

■陳慧齡導演往返法國與臺灣之間，長年跟拍各地的家族故事，製作了兩部紀錄片《通往天堂的信箱》，記錄一個法國家族故事；以及《給阿媽的一封信》，關於臺灣多族群集體記憶的群像建構。

2010～2012年

■陳慧齡導演藉著《給阿媽的一封信》紀錄片，發起「島嶼的集體記憶計畫」（簡稱「島記」）。她一方面透過登報、社群網站、教師轉介等方式，邀請臺灣新生代以藝術詮釋家族故事，來參與紀錄片拍攝；另一方面，她在各校播放《通往天堂的信箱》跟學生對談，與教師合作課程。起初她與高雄中學戴麗桑老師、建國中學吳岱穎老師合作，長期討論相關課題，亦獲得沈育美老師的大力協助，在北一女中與虎尾高中進行小規模教學實驗與入班拍攝。

2013～2019年

■陳慧齡導演將前幾年的教學實驗落實成為跨領域課程，擴大規模與教師們合作，邀請各校師生參與「島記」，並以紀錄片《給阿媽的一封信》見證群像創作。

2013年

■高雄女中劉癸蓉老師大規模開發島記課程，連續十年來，她不間斷地實踐，包含家族容顏、家傳菜、家族記憶物、社區、家鄉等系列課程。隨後在高雄女中多元選修課，開發出三級到五級的跨校、跨領域，甚至跨級課程。

2015年

■ 12月，高雄市勝利國小李思瑩老師開始推廣島記，在研習時播放陳慧齡導演的紀錄片，與教師們討論課程設計。李思瑩老師並與當時高雄市國教輔導團廖俞雲課程督學、林宜家課程督學，共同領導跨校、跨縣市、跨領域、跨教育階段共同備課社群。

2017年

■ 1月，本計畫獲得高雄市教育局范巽綠局長肯定，指示教育局全力支持島記推動。同年，本計畫獲得教育部潘文忠部長與國教署邱乾國署長支持，提供專款經費，下授經費到高雄市政府教育局，委由鼓山高中主持計畫，啟動團隊運作。

■ 進行各項短程與中程計畫，包括架構課程模組、拍攝種子學校教學紀錄影片、建立官方網站、舉辦研習年會，以及各校成果聯展等。

- 舉辦四場教學成果展覽活動（4月23日～5月7日），團隊於高雄市果貿社區活動中心舉辦「不老×初心＝果貿相遇－勝利國小與高雄女中聯展」，現場吸引了上百人參與。
- 6月，於高雄左營孔子廟舉行「跳動臺灣：島嶼的集體記憶」左營高中跨域課程成果發表。
- 9月，高雄女中教學團隊以「十年感動，十年有成」課程榮獲教育部教學卓越金質獎。
- 11月～12月，於右昌國中展出「光陰的故事──開記憶寶盒」，畫中的爺爺、奶奶親臨現場，看到孫子的畫作感動不已。
- 12月，於勝利國小校慶美展呈現課程成果。
- 島嶼的集體記憶團隊及陳慧齡導演入選「親子天下教育創新一百」。
- 勝利國小「島嶼的集體記憶之不老的回憶──溫煦的風景」跨域課程，榮獲廣達文教基金會游藝獎創意教學評審推薦獎。
- 岡山國中「行旅岡山：從家的記憶出發，尋找記憶裡的在地岡山」課程，榮獲《天下雜誌》辦理二〇一七年微笑臺灣創意教案甄選貳獎。

■ 島記團隊受邀於二〇一七年學思達亞洲年會、臺灣家庭政策國際研討會、兩岸教育政策學術研討會及教育部國民及學前教育署國民中小學課程推動南區策略聯盟發表，以家庭為核心的課程發展價值，備受肯定。

2018年

■ 陳慧齡導演獲得教育部頒發第五屆藝術教育貢獻獎。

■ 高雄女中劉癸蓉老師榮獲一〇七年高雄市特殊優良教師獎。

■ 高雄女中劉癸蓉老師榮獲一〇七年教育部師鐸獎。

■ 4月～5月，翻轉高雄教育節《島嶼記・地方學——串聯世代故事》四級學校跨校、跨縣市聯展及研習分享。

■ 2月～6月，高雄女中完成《從你美麗的流域》四級跨校家鄉記憶課程。

■ 9月～12月，高雄女中完成《牽手學》五級跨校家族記憶課程。

■ 11月，高雄女中舉辦《旮旯》島嶼記憶學生美展。

■4月，高雄女中集結雄女學生六年的島記課程成果，出版《用記憶拼貼一座島嶼》島記作品集。

■5月，在翻轉高雄教育節中以「看見真實」課程及教學紀錄片做分享。

■島記與法國藝術家Siana在日本高松市舉辦聯展《From an island to another》，展出十校學生的島記及Siana的難民作品，以藝術跨越國籍，感動來自了各國的觀眾。

■高雄女中、高雄市前金國小完成《您的記憶　我的故事》跨校家族記憶課程。

■二〇一九年~二〇二〇年，由「島嶼的集體記憶團隊」林宜家校長主持，鳳林國中承辦，獲教育部補助計畫「立像・再造・由己而群」，內容包括架構課程模組、拍攝種子學校教學紀錄影片、建立官方網站、舉辦研習年會及各校成果聯展等。

2019年9月～2023年6月

■ 高雄女中多元選修課陸續完成《老鹽埕記憶之味》、《島間味自慢》、《島嶼味自慢》、《濱海散策——哈瑪星》、《鹽旅時光》、《埕人・記憶——鹽埕集體記憶》、《傳藝・傳憶》跨校跨域社區記憶課程。

2020年

■ 與台積電慈善基金會合作，結合「島嶼的集體記憶課程」家族肖像畫的精神，共同推廣孝道親子工作坊，足跡遍及高雄、臺南、嘉義、南投、臺中、新竹、桃園、臺北、新北等地。

■ 9月，高雄女中與高雄教育廣播電臺合作，錄製九集「寶島記事簿——雄女島記故事」，榮獲第五十五屆金鐘獎最佳企劃編撰獎。

■ 12月，舉辦「聲亮島嶼」分享音樂會。

■ 出版繪本《阿媽，你去哪裡了》，發表主題歌曲《島嶼的集體記憶》，並舉辦課程紀錄短片《美力島記》、《你的記憶、我的故事》、《島嶼凝聚了我們》、《記憶的家屋》首映。

■ 12月～隔年4月，進行「阿媽，阮轉來啊！」島嶼的集體記憶教育推廣五年回顧聯展。

2021年

■ 續由「島嶼的集體記憶團隊」林宜家校長主持，壽山國中承辦，獲教育部補助計畫「記憶島航──島嶼的集體記憶」跨領域課程教學全國巡迴培力計畫，內容包括建構視覺及表演藝術課程模組、辦理偏鄉巡迴講座、拍攝種子學校教學紀錄片、充實官方網站、舉辦增能研習、辦理成果聯展、擴增合作單位等。

■ 1月，陳慧齡導演完成《給阿媽的一封信》紀錄片後製工作，獲得臺灣國際女性影展金獎、入圍第五十八屆金馬獎最佳紀錄片，並榮獲法國第六屆SMR13獨立電影影展最佳紀錄片、最佳攝影、最佳電影配樂，以及法國Les Rimbaud du cinéma最佳紀錄片、最佳電影配樂。

- 2021年起，高雄女中劉癸蓉老師執行偏鄉講堂課程，包括：高雄內門國中、新北瑞濱國小、高雄六龜國小、新北坪林國小、嘉義義竹國中、高雄蚵寮國小、花蓮鳳林國中、臺東南王國小，以及澎湖馬公高中、白沙國中、龍門國小三級偏鄉講堂課程。
- 臺中至善國中教學團隊，以「美力島記，說故事的人」課程獲得教育卓越銀質獎。
- 2021年10月～隔年3月，陳慧齡導演與十三縣市人權教育議題輔導團合作，無償提供《給阿媽的一封信》影片在各地的人權教育研習中放映，並推薦李雅雯老師擔任講師，分享至善國中島記人權課程。
- 2021年10月～隔年6月，陳慧齡導演與教育部國教署人權教育資源中心合作入校放映計劃，無償提供《給阿媽的一封信》當作教材，邀請十間學校教師開發課程，與師生座談。並於10月31日與該教育中心合作舉辦人權影像融入課程應用培力研習，邀請已實踐過島嶼記憶相關課程的劉癸蓉教師、邱稚惠老師擔任講師。

■陳慧齡導演以鹿一電影製作公司招聘團隊，在全國各縣市舉辦《給阿媽的一封信》公益放映會，並邀請曾合作過島記課程的在地教師擔任映後座談講師，藉此鼓勵各地社區組織發展記憶創作工作坊，積累在地群像。

■在高雄市汕尾國小、高雄市深水國小執行在地劇集課程，並於汕尾國小辦理「汕的乘載──傳承故事的記憶之海」發表會。

■舉辦「記憶島航──用藝術拼出一片島嶼」展覽及講座，為2022高雄教育節系列活動。

■與高雄教育廣播電臺「教育大不同」節目合作，每月推出一場「島嶼的集體記憶」專題節目，迄今共十二場。

■9月~隔年2月，高雄女中多元選修課《埕人·記憶──鹽埕集體記憶與叁捌地方生活跨界合作鹽埕長者生命故事課程。

2023年

■ 2月～5月，陳慧齡導演受到海外各臺僑協會邀約，以《給阿媽的一封信》紀錄片巡迴北美、法國、瑞典等地共二十多城，巡迴結束後，發起「北美臺灣人群像計畫」，邀請島記講師劉癸蓉與顏廷伍等教師，共同參與相關課程設計，將以一年時間接力培訓北美各臺灣人組織之種子教師，引導新生代參與群像創作。

■ 2月～6月，高雄女中多元選修課程《傳藝・傳憶》，與高雄歷史博物館館學合作高雄無形文化資產藝師生命故事課程。

■ 5月，高雄勝利國小資源班學生島記課程展覽《阿公阿媽的時光》溫馨開展。

■ 5月，舉辦「偏篇——山海故事集」展覽及講座，為2023高雄教育節系列活動。

■ 6月，高雄女中多元選修藝術柯南課程，集結歷時三年，學生走訪三十一間鹽埕店家的故事與藝術創作作品，出版《老鹽埕記憶之味》成果書。

迄今，島嶼團隊自發辦理或受邀總計超過二百八十場教育推廣研習。十多位講師至全國各地分享，參加教師人次超過六千位。目前各領域實施課程的教師超過二百一十位，受惠學生包含幼兒園、國小、國中至高中，超過一萬七千人。

這些島記夥伴們包括：

二十二個縣市、一百四十三所學校、二百一十位老師、一萬七千名學生。

【學校】

■高雄：中山大學、高雄高商、高雄女中、高雄中學、鳳新高中、左營高中、前鎮高中、仁武高中、文山高中、小港高中、瑞祥高中部及國中部、立志中學、岡山國中、右昌國中、楠梓國中、壽山國中、民族國中、陽明國中、鳳林國中、英明國中、大寮國中、前峰國中、內門國中、正興國中、勝利國小、援中國小、六龜國小、蚵寮國小、汕尾國小、深水國小、甲仙國小及附設幼兒園、前金國小、前金幼兒園、野人華德福實驗教育機構

■澎湖：馬公高中、鎮海國中、白沙國中、龍門國小

■ 金門：金門高中
■ 連江：中正國中
■ 台東：國立台東專科學校附設高級農工職業進修學校、均一國際教育實驗高中、關山國中、竹湖國小、南王 Puyuma 花環實驗小學
■ 花蓮：花蓮女中、新城國中、鳳林國中、花崗國中
■ 宜蘭：宜蘭高中、慈心華德福中學、北成國小、岳明國小
■ 屏東：竹田國小
■ 台南：長榮大學、北門高中、新化高中、永康國中、二溪國小
■ 嘉義：中正大學、東石國中、義竹國中、港坪國小
■ 雲林：二崙國中
■ 彰化：永靖高工、田中高中、南郭國小
■ 臺中：台中高工、文華高中、明道國中、日南國中、福科國中、至善國中、至善非營利幼兒園

■南投：暨南大學附設高中、森優生態實驗教育學校

■苗栗：三義高中（國中部）、大同高中（國中部）、建國國中、照南國中

■新竹：六家高中、忠孝國中、東興國中、光武國中

■桃園：中壢高商、內壢高中、桃園高中、中壢國中、東興國中、福豐國中、大勇國小、青溪國小

■新北：三重高中（高中部及國中部）、石碇高中、徐匯中學、及人中學、桃子腳中小學、中和國中、積穗國中、大觀國中、蘆洲國中、柑園國中、崇林國中、中正國中、麗林國小、碧華國小、瑞濱國小、坪林國小。

■臺北：臺北藝術大學、中山女中、達人女中、建國中學、大同高中、師大附中、龍山國中、萬福國小、木柵國小、無界塾實驗學校

■基隆：明德國中

■海外：中國上海台商子女學校、香港優才書院、香港慕光英文書院。

【社區】

■高雄：叁捌地方生活、夢想社區大學、甲仙社區大學、三民區樂齡學習中心、湖內區樂齡學習中心、志玄文教基金會高雄終身學習班、雄峰社區關懷照顧據點、林園區文賢社區發展協會、同心正言C級巷弄長照站、市立圖書館寶珠分館、高雄歷史博物館。

■台南：國立臺灣歷史博物館、士林社區照顧關懷據點、八翁社區照顧關懷據點、果毅社區照顧關懷據點、重溪社區照顧關懷據點

【企業】

■台積電慈善文教基金會、聯華電子科技文教基金會

VIEW130

在遺忘之前：島嶼的集體記憶課程實踐手記

作者　島嶼的集體記憶教學計畫團隊
責任編輯　龔槵甄
校對　劉素芬
封面設計　兒日設計（封面圖為陳慧齡提供、郭小善設計）
內頁排版　江麗姿

總編輯　龔槵甄
董事長　趙政岷
出版者　時報文化出版企業股份有限公司
一〇八〇一九　臺北市和平西路三段二四〇號四樓
發行專線　（〇二）二三〇六六八四二
讀者服務專線　〇八〇〇二三一七〇五
讀者服務傳真　（〇二）二三〇四七一〇三
郵撥　一九三四四七二四　時報文化出版公司
信箱　一〇八九九　臺北華江橋郵局第99信箱

時報悅讀網　www.readingtimes.com.tw
法律顧問　理律法律事務所陳長文律師、李念祖律師
印刷　華展印刷有限公司
初版一刷　二〇二三年六月九日
定價　新台幣四二〇元
（缺頁或破損的書，請寄回更換）

時報文化出版公司成立於一九七五年，
並於一九九九年股票上櫃公開發行，於二〇〇八年脫離中時集團非屬旺中，
以「尊重智慧與創意的文化事業」為信念。

在遺忘之前：島嶼的集體記憶課程實踐手記 / 島嶼的集體記憶教學計畫團隊著 . -- 初版 . -- 臺北市：時報文化出版企業股份有限公司 , 2023.06
面；　公分

ISBN 978-626-353-756-9（平裝）
1.CST: 中學課程 2.CST: 課程規劃設計 3.CST: 文集

524.4　　112005494

ISBN 978-626-353-756-9
Printed in Taiwan